JN289323

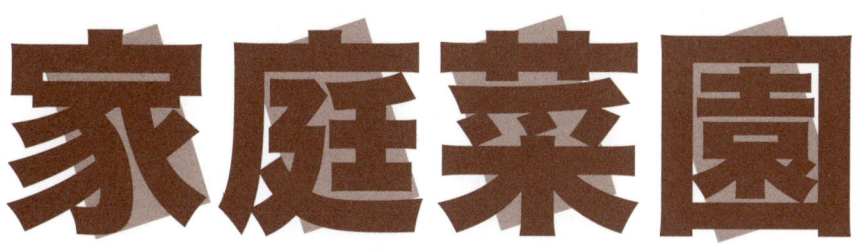

家庭菜園全科

栽培と利用のポイント

① 葉もの・茎もの類 ①

戸澤英男

農文協

はしがき

　著者は若いころから全国を転々と勤務し，ゆく先々で家庭菜園に親しんで現在に至りました。そうした経験をも踏まえてまとめたのが，先に出版した『野菜つくり入門』（農文協刊）です。
　このたび企画されたシリーズ『家庭菜園全科』は，この『野菜つくり入門』の各論であり，それぞれの野菜ごとに，畑の準備から収穫物の調理法，保存，栄養特性，さらにはベランダなどでのプランター栽培法まで，逐一まとめたものです。トップバッターとしての本書「葉もの・茎もの類①」には，25種の葉物野菜を収録しました。

　さて，本シリーズの最大の特徴は，これまでに蓄積されたそれぞれの野菜の栽培ポイントを整理して，図や写真を織り込みながら紹介したことです。そのため，①栽培経験のまったくない方でも，本書を読みながら，すぐにでも栽培に取りかかれ，しかも，②どれかひとつの野菜をこなしたら，他はいとも簡単に理解できるようになっています。
　さらには，個々の野菜の成り立ち，利用分野，文化や健康との関係などをトピックスとして取り上げ，正しい理解に役立つように努めました。

　本書によって，家庭菜園がごく身近で楽しいものとなり，家庭や近隣との話題もふえ，農業への理解が深まればと願っています。そして，単に家庭菜園で自家用の野菜を得るというだけでなく，野菜や土にふれることによって生き物を理解し，認め，読者や周囲の心が豊かになる一助になるのであれば，望外の喜びとするところです。

　平成19年2月8日
　　　　温暖化が気になった暖かい日に，足立区のマンションにて
　　　　　　　　　　　　　　　　　　　　　　　　　　著　者

家庭菜園全科 １ 葉もの・茎もの類①

【本書の構成】
　本書では各作物別に以下の内容構成で紹介しています。(以下，例：アサツキ)

■**「アサツキ」**(作物見出し：五十音順)
　タイトルまわりに，栽培上のポイントを簡潔に整理しています
　　[気象] 発芽適温や生育に好適な気象条件など
　　[土壌] pHや排水性などの土質条件
　　[病害虫] 注意したい病気害虫
　　[連作] 連作の可否，また前作で避けたい作物など
　　[生育の特徴] 見逃せない栽培ポイント

■**作期・作型，品種**
　中間・暖地と，寒地・寒冷地とに分け，おもな作型と栽培時期を紹介し，併せて品種（系統）も示します

■**つくり方**
　以下の項目（作物によって多少変わる）ごとに，ポイントを押さえた簡潔な文章と図解でつくり方を解説します
　　1) 畑の準備
　　2) 播種，育苗
　　3) 施肥，畦づくり，植付け（播種）
　　4) 追肥，管理
　　5) 病害虫
　　6) 収穫

■**保存，栄養，利用**
　収穫した野菜の保存の仕方や調理など愉しみ方について紹介します
　　1) 保存法
　　2) 栄養特性
　　3) 調理・利用法

■**プランター栽培のポイント**
　畑がない人，小さくてすべてをつくれない人のプランター利用コツのコツ

■**アサツキのこと**（プラス1コラム）
　原産地，呼称についてなど，その作物について知ってトクする知恵と情報

目 次

はしがき …………………………………………………………………………… 1
本書の構成 ………………………………………………………………………… 2
本書のおもな用語解説 …………………………………………………………… 4

作物別ガイド

    1 アサツキ………………… 6
    2 アシタバ………………… 12
    3 アスパラガス…………… 18
    4 エゴマ…………………… 26
    5 エンサイ(エンツァイ)…32
    6 エンダイブ……………… 38
    7 オカノリ………………… 44
    8 オカヒジキ……………… 50
    9 カラシナ………………… 56
  10 カリフラワー…………… 62
  11 キク……………………… 68
  12 キャベツ………………… 74
  13 クレソン………………… 82
  14 ケール…………………… 88
  15 コウサイタイ…………… 92
  16 コマツナ………………… 96
  17 サイシン……………… 102
  18 シソ…………………… 106
  19 シュンギク…………… 114
  20 スイゼンジナ(キンジソウ)…120
  21 スプラウト…………… 126
  22 セリ…………………… 130
  23 セルリー……………… 136
  24 タアサイ……………… 142
  25 タカナ………………… 146

● 附表:本書で取り上げたおもな野菜の成分 ……………………………… 150
● 索引 ……………………………………………………………………………… 152

＊以下、「葉もの・茎もの類②」収録作物

26 タマネギ類
27 チコリー
28 チンゲンサイ,パクチョイ
29 ツマミナ
30 ツルムラサキ
31 ナバナ類
32 ニラ
33 ニンニク
34 ネギ類
35 ノザワナ
36 ハクサイ
37 パセリ
38 ヒユナ
39 ヒロシマナ
40 フダンソウ
41 ブロッコリー
42 ベビーリーフ
43 ホウレンソウ
44 ミズナ類
45 ミツバ
46 ミョウガ
47 メキャベツ
48 モロヘイヤ
49 ラッキョウ
50 ルッコラ(ロケットサラダ)
51 レタス・サラダ菜

＊なお、作物のNo.は「葉もの・茎もの類」①と②で通し番号になっています。

■ 本書のおもな用語解説

本書をスムーズに理解していただくために，いくつかの用語を抜き出して説明しました。

他の用語，およびより詳しい解説は本書姉妹編の『野菜つくり入門』を参照して下さい。

化成肥料	硫安などのいくつかの単肥肥料を化学的処理し，チッソ，リン酸，カリの3要素のうち，2つ以上の成分の合計が10％以上のものをいう。本書では，肥料焼けしにくく初心者でも使いやすい8〜10％までのものを用い，これを基本に記述している（いわゆる普通化成肥料のこと）
花蕾	とう立ちして多数の蕾が集まったものをいう。この部位を食用とするものに，カリフラワー，ブロッコリーなどがある
間土，覆土	肥料とタネの間に挟む土を間土（かんど）という。これに対し，播種後タネを覆う土が覆土である
苦土石灰	カルシウム（石灰）とマグネシウム（苦土）を含む肥料で，pH調整の土壌改良資材としても重視される
畦間，株間	畦（うね）と畦の間を畦間，同じ畦の株と株の間を株間という。この部分に施肥することを株間施肥，畦間施肥ということがある
好光性発芽	タネの発芽には，基本的には温度と水が必要であるが，シソなどのように光を必要とするものもある。このような野菜では，覆土をできるだけ浅くし，タネに光が当たるようにする。
スポット施肥	割りばしなどで穴を開け，その中に肥料を入れ，土をかぶせる施肥方法。詳しくは49ページに述べてある
全面全層施肥	畑地を整えたあと，畑地全面に肥料を撒布し，その後一定の深さにかき混ぜる施肥の方法。
堆肥	水分60〜70％ほどの完熟堆肥のこと。本書では，これを利用することにしてある。したがって，市販の乾燥堆肥を利用する場合は，通常，本書記載量の半分か半分よりも少なめにする。
太陽熱消毒	蓄積した太陽熱の高温を利用して，土中の病害菌などを防除すること。おもに夏場に行なう。ハウスや水などを利用するいくつかの方法がある
中耕	野菜の生育途中で，畦と畦の間を耕すこと。畦と畦の間の土を寄せる培土と一緒に行なうことが多い
抽だい（とう立ち）	花芽が分化し，とう（花茎）が伸びること。とう立ちした部位を食用にするものもある
長日・短日植物	花芽の分化が一定時間以上の日長（昼の長さ）でおこる植物を長日植物，一定時間以下でおこる植物を短日植物という。野菜の種類によって日長として感じる日照の強さは異なり，また花芽分化から開花までの期間は，日長のほかに温度や水分などが関係する
土切り	移植数日前に苗と苗の間の土に垂直に切れ目を入れること。こうすることで移植しやすくなり，移植後も発根しやすくなる

用語	解説
底面給水	鉢などの容器栽培などの給水は，通常ジョロやホースなどで表面給水する。これに対し，底面給水は水を入れた受け皿やバケツなどに容器を入れ，容器の底の穴から用土全体にくまなく給水させる。したがって表面給水のように，不完全給水になることはない
土改資材	正式には土壌改良資材のこと。土壌 pH などの理化学性などを改良する資材（苦土石灰など）をいう
軟白化	光を遮断または少なくして，茎葉を柔らかくしたり白っぽくしたりすること。アスパラガス，エンダイブ，セルリー，ウドなどで行なわれる
播種溝	播種するために板切れなどでつけた溝のこと
発根苗の利用	野菜によっては，タネを播くより，分枝やランナー（ほふく枝）を発根させたほうが早く苗ができる。砂土中や水中に分枝を挿して発根させ，それを苗として植え付けるのである。キク，クレソン，スイゼンジナ，セリなどでよく用いられる
pH	pH とは水素イオンの濃度を示す値である。pH7.0 が中性，これより以下を酸性，以上をアルカリ性という。野菜は種類によって生育に適する pH が異なるので，土壌をそれに応じて矯正する必要がある。おもに酸性を改良する場合が多い。そのための土壌改良資材として本書では苦土石灰を用いている。「畑の整え方」の項で，苦土石灰の量について触れている野菜は，そうした改良が必要なものである
プランター容器	容器には大きさ形状にいろいろなものがある。ポイントは直径と深さ。本書では，野菜ごとにこのポイントを述べ，栽培の手順を示している
べたがけ	トンネル状に空間をとって覆うのではなく，畦や野菜に直接かけてしまう覆い方をいい，いろいろな被覆資材がある
ホウ素（石灰，苦土）欠乏症	ホウ素や石灰，苦土などの成分が不足した場合，それぞれ特有の症状が茎葉などに現れる。ホウ素欠乏では，芽の萌える生長点部分の生育がとくに悪化する
防虫ネット	害虫が侵入できないメッシュ（網目）のネットのこと。トンネルなどに張ることによって，農薬をできるだけ使わないで害虫防除する。
ボカシ肥料	ボカシ肥料とは，ヌカなどいくつかの有機質資材を混ぜて発酵させてつくるもので，幾種類もの肥料成分を含む。化成肥料より成分量は少なく遅効性なので，化成肥料より多めにし，元肥として施すことが多い
溝底施肥	施肥法の 1 つで，播種のためにクワなどでつくった幅 10～15cm ほどの溝の底に肥料を入れる方法のこと
用土	鉢やプランターに用いる土のこと。通常は，畑地，田，山から採取した土を用いるが，これらにピートモス，腐葉土，鶏糞，そのほかを混ぜ合わせたものもある。販売している用土も多いが，野菜の種類にあったものを選ぶのがポイントである。
ランナー（ほふく枝）	セリやイチゴなどのように，株から枝分かれして生長する茎のこと
ロゼット状	葉の出方が，冬のタンポポのように地ぎわに這った状態で密集して生える状態をいう

1 アサツキ【ユリ科】

[気象] 発芽,生育ともに適温は15〜17℃あたりで,冷涼を好む。高温に弱い。
[土壌] pHは6.5あたりがよい。肥沃で,保水,排水の良い粘質がかった土壌を好む。乾燥に弱い。
[病害虫] 少ない。
[連作] 影響が少ない。
[生育の特徴] 4〜5月に抽だいし,花をつけ,タネをつける。このとき地上部は一時枯れるが,また新葉を伸ばし,霜で枯れて,球根が越冬する。1年で20球ほどに増える。

■ 作期・作型,品種

基本的には,図1-1aの通りである。

早生系と晩生系があるだけで,品種の分化は少ない。各地域の系統を用いる。

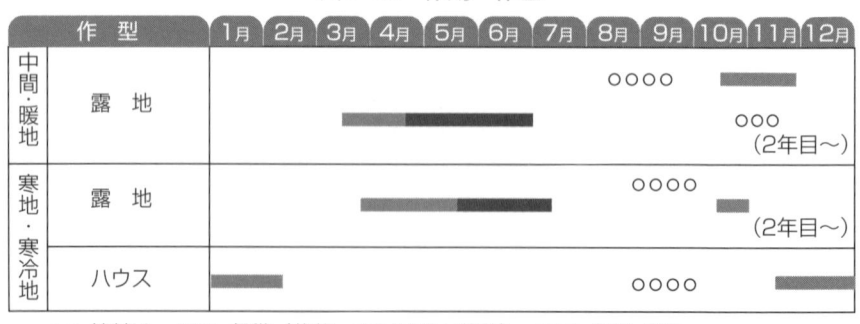

図1-1a 作期・作型

作型		1月	2月	3月	4月	5月	6月	7月	8月	9月	10月	11月	12月
中間・暖地	露地								○○○○		▬		
					▬▬▬▬▬▬▬▬▬▬					○○○ (2年目〜)			
寒地・寒冷地	露地					▬▬▬▬▬▬▬▬			○○○○		▬		
										(2年目〜)			
	ハウス	▬▬▬							○○○○			▬▬▬▬	

○○ 植付け ▬ 収穫(茎葉,または球と茎葉) ▬ 収穫(球)

図1-1b　アサツキの利用部と花

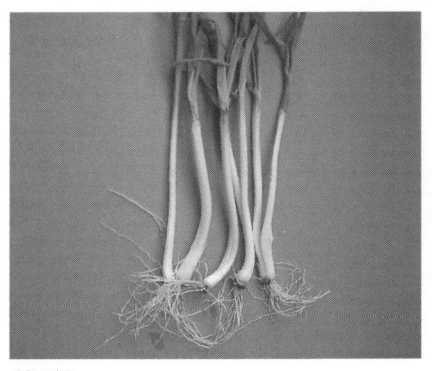

利用部

アサツキと同じ仲間のチャイブ（西洋アサツキ）の花

■つくり方

1) 畑の準備

何年も連続して収穫できるので，ほかの栽培の邪魔にならない場所がよい。図1-2の通りにする。一連の作業は植付けの半月前に行ないたい。

図1-2　畑の整え方

作業手順
①排水の良いところを選ぶ
②畑の整理（前作の残渣，雑草の根塊を整理）
③土改資材などの撒布（苦土石灰100g，堆肥2kg，熔リン30g/m²を入れる）
④資材を混入するように，全体を耕起する

耕起の深さは
10〜15cmほど

2) 施肥，畦づくり，植付け

全面全層施肥し，転耕して肥料を鋤き込み，畦をつくり，種球を植え付ける（図1-3a, b）。

図1-3a　施肥・畦づくり

①肥料を全面に撒布し（化成肥料〈3要素成分各8～10%〉なら，50～100g／m²）
②10cm深さに耕起し
③右図の畦をつくり
④2球ほどずつ，種球を指先で押して，植え付ける

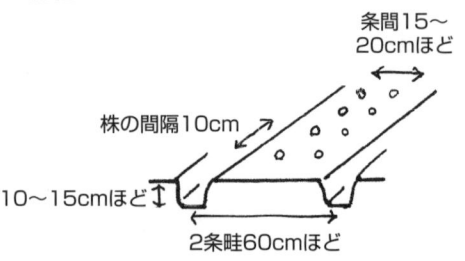

条間15～20cmほど
株の間隔10cm
10～15cmほど
2条畦60cmほど

図1-3b　植付けのポイント

①よく乾かした球をばらし，枯れ葉をきれいに取り除いたものを種球に選ぶ
②発根部を下にして，種球の肩が見える程度の深さに指先で押し込む
③表面を軽く圧して均す

3）追肥，管理

発根までは乾燥させないように灌水する。

追肥は通常行なわないが，肥料切れの場合には，軽い中耕をかねて行なう。追肥量は，化成肥料（3要素成分各8～10%）なら30g/m²ほどで，畦間または株間施用か，スポット施肥にする（49ページ図7-7を参照）。

追肥を行なわない場合でも，球が地表に露出すると青くなるので，2～3回ほど軽く培土する。

雑草は随時手取りする。

4）病害虫

ウイルス病や，タマネギバエ，根ダニ，アブラムシ，ハモグリバエが発生する。ウイルス株は見つけしだい，抜き取る。害虫は，種球の農薬種子粉衣や植付け時の農薬施用を行なう。

5）収　穫

地上部が枯れてから球を掘りとる場合と，地上部も含めて利用する収穫がある。

通常，丈が30～40cmくらいで収穫するが，20cmぐらいの早い時期からでも収穫できる。

図1-4 球の収穫手順

葉先が枯れ始めたら，地上部を刈り取り

クワを根の下に入れて掘り上げる

根を切って，利用する。種球にするものは，そのまま風通しの良いところで乾かす

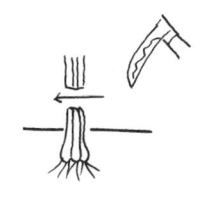

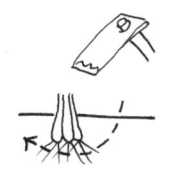

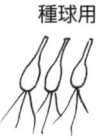

食用　種球用

■ 保存，栄養，利用

1）保存法

利用して余ったものはラップして冷蔵庫に入れるか，風通しの良い冷涼下におき，必要に応じて利用する。

2）栄養特性

ビタミンA，B_2，Cや，カルシウムなどが多く含まれる（巻末附表を参照）。

また，球にはニンニクと同様にアリシンの前駆物質（葉もの・茎もの類②「33　ニンニク」のトピックスを参照）のほか，精油なども含んでいる。

風邪の予防，疲労回復や夏ばて防止，食欲増進，健胃整腸，緩下などに効果がある。

3）調理・利用法

食味は，味と香りがワケギに似ているが，辛味が少し強い。

葉は薬味，球は酢の物やみそ漬け，また全体は汁の実，ぬたなどの和え物，おひたしなどに用いられる。

■ プランター栽培のポイント

図1-5のようにする。

追肥は，肥料切れのときに行なう。追肥量は，化成肥料（3要素成分各8～10％）なら，1回に30～50g/m²でスポット施肥にする（49ページ図7-7を参照）。

灌水は，表面が十分に乾いてから行なう。

図1-5　アサツキのプランター栽培

- 深さは15cmほどとする
- 用土（10ℓに，堆肥200g，苦土石灰10g，2週間以上後に化成肥料〈3要素成分各8～10％〉なら20gなど混入）
- 複数株の株植えでは，多めに植え付け，間引き株を利用しながら，最終の株間距離は10～15cmほどとする

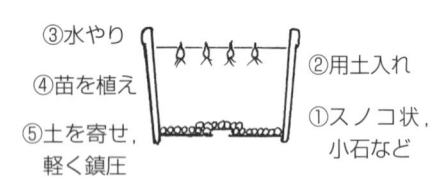

③水やり
④苗を植え
⑤土を寄せ，軽く鎮圧
②用土入れ
①スノコ状，小石など

アサツキのこと

●原産地，呼称など

原産地は日本。九州・沖縄を除く各地，および中国大陸からシベリアに広く分布する。

アサツキ（浅葱）の語源は，葉の色が葱に似て色が浅いことに由来する。浅葱色（あさぎいろ）は，浅黄色でなく，アサツキ色のこと。

ネギの仲間ではもっとも細いことからイトネギ，細ネギともいい，またセンボンネギ，センボンワケギ，センブキ，アサトキともいう。

学名は*Allium schoenoprasum* L.var. *foliosum*で，ユリ科ネギ属の宿根草。エゾネギの変種とされている。

●トピックス

基本種であるエゾネギは北海道，本州北部，シベリア，ヨーロッパに分布する。アサツキはこのエゾネギの変種であるが，同じ変種の仲間には，ヒメエゾネギ（北海道アポイ岳），シブツアサツキ（尾瀬の至仏山），シロウマアサツキ（白馬岳，朝日連峰など），イズアサツキ（伊豆半島），ベンテンアサツキ（青森県下北半島の弁天島）などがあり，いずれも高山植物で，食用にもなる。

●野菜の分類

野菜の分類はなかなかややこしい。本書では，以下の通りとした。

植物学的分類	主利用部位	野菜の種類（品目）
アカザ科	茎葉・花器	オカヒジキ，ホウレンソウ，トンブリ，フダンソウ
	根菜・鱗茎	カエンサイ
アブラナ科	茎葉・花器	カラシナ，カリフラワー，キャベツ，クレソン，ケール，コウサイタイ，コマツナ，コールラビ，サイシン，タカナ，タアサイ，ハクサイ，ブロッコリー，メキャベツ（プチヴェールを含む），ルッコラ，チンゲンサイ，パクチョイ，ナバナ類，ノザワナ，ヒロシマナ，ミズナ類ほか
	根菜，鱗茎	カブ，ダイコン，ワサビ，ワサビダイコンなど
イネ科	果菜，花器	スイートコーン
ウコギ科	茎葉・花器	ウド
ウリ科	果菜	カボチャ，キュウリ，シロウリ，トウガン，ヘチマ，メロン，マクワウリ，ユウガオほか
オモダカ科	根菜，鱗茎	クワイ
キク科	葉菜・花器	エンダイブ，キク，シュンギク，スイゼンジナ（キンジソウ），チコリー，朝鮮アザミ，フキ，レタス・サラダ菜ほか
	根菜・鱗茎	キクイモ，ゴボウ，ヤマゴボウ，ヤーコンほか
サトイモ科	根菜・鱗茎	サトイモ
シソ科	茎葉・花器	シソ，エゴマほか
	根菜・鱗茎	チョロギ
ショウガ科	茎葉・花器	ミョウガ
	根菜・鱗茎	ショウガ
スイレン科	根菜，鱗茎	レンコン
セリ科	茎葉・花器	アシタバ，セリ，セルリー，パセリ，ミツバほか
	根菜類	ニンジン，パースニップほか
ツルムラサキ科	茎葉・花器	ツルムラサキ，ツルナ
ナス科	果菜類	トマト，ナス，ピーマン類（パプリカ類も含む），トウガラシ
	根菜・鱗茎	ジャガイモ（馬鈴薯）
バラ科	果菜	イチゴ
ヒユ科	茎葉・花器	ヒユナ（バイアム）
ヒルガオ科	茎葉・花器	クウシンサイ（空芯菜）
	根菜・鱗茎	サツマイモ（かんしょ）
マメ科	茎葉・花器	モヤシのための大豆，緑豆など
	果菜	インゲン，エダマメ，ササゲ，ソラマメ，ラッカセイ，四角マメほか
ヤマノイモ科	根菜・鱗茎	ヤマノイモ
ユリ科	茎葉，花器	アサツキ，アスパラガス，タマネギ類，ニラ，ニンニク，ネギ類，ラッキョウほか
	根菜・鱗茎	ユリ

2 アシタバ【セリ科】

【気象】 発芽適温は10～20℃, 生育適温は15～25℃あたりで冷涼を好み, 5℃の低温でもわずかながら生長する。寒さ暑さに強い。日照を好むが, 半日陰でもよく育つ。
【土壌】 pHは6.0～7.0あたりがよい。土質は選ばないが, 排水・保水性が良く, 肥沃で深い作土を好む。乾燥, 過湿に弱い。
【病害虫】 少ない。
【連作】 キク科以外の野菜の跡にする。
【生育の特徴】 他家受粉なので, タネを採るには近くに別株かヨロイグサが必要である。
　タネは好光性発芽である。播種年次の生育は緩慢で, 秋の降霜により地上部は枯れ, 翌春から活発に生育する。直根性で根は太くなるが, 苗時代の移植適性は高い。通常, 収穫年数は抽だいするまでの2～4年間である。抽だい年を遅らせるには, こまめに葉を収穫し, 地ぎわの茎を太らせないことである。丈は1m以上になる。

■作期・作型, 品種

　図2-1の通りである。寒地では露地のままでは越冬できない地域があるので, 株を穴蔵などで保存し, 翌春に植え付ける。防寒, 防霜対策によって収穫期

図2-1　作期・作型

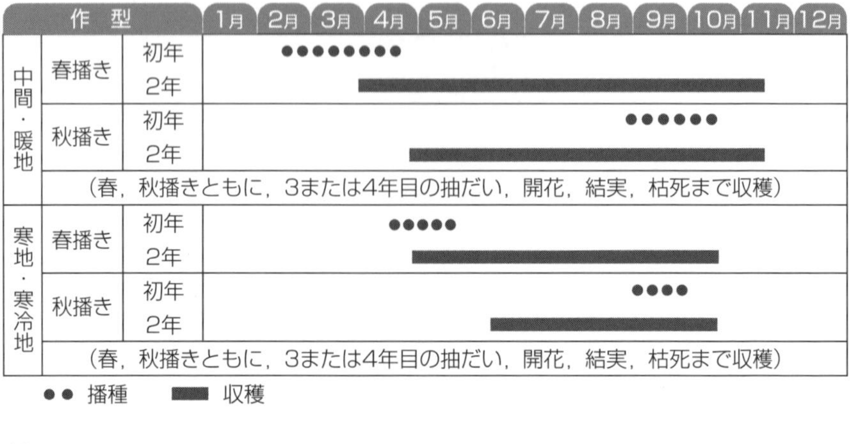

作型			1月	2月	3月	4月	5月	6月	7月	8月	9月	10月	11月	12月
中間・暖地	春播き	初年			●●●●●●●									
		2年			━━━━━━━━━━━━━━━━━━━━━━━━━━									
	秋播き	初年								●●●●●●				
		2年			━━━━━━━━━━━━━━━━━━━━━━━━━━									
	（春, 秋播きともに, 3または4年目の抽だい, 開花, 結実, 枯死まで収穫）													
寒地・寒冷地	春播き	初年					●●●●●							
		2年				━━━━━━━━━━━━━━━━━━━━								
	秋播き	初年								●●●●				
		2年					━━━━━━━━━━━━━━━━━━━━							
	（春, 秋播きともに, 3または4年目の抽だい, 開花, 結実, 枯死まで収穫）													

●● 播種　　━━ 収穫

を延ばすことができる。

　赤茎と青茎のものがあり，また越冬性や茎の太さに若干の差のある系統があるが，ほかの野菜のような大きな差はない。青茎のものが好まれる。

■つくり方

1）畑の準備

　図2-2の通りである。一連の作業は，施肥，定植の半月前に行ないたい。

図2-2　畑の整え方

作業手順
①キク科以外の跡地を選ぶ
②畑の整理（前作残渣，雑草の根塊を整理）
③土改資材などの撒布（苦土石灰100g，堆肥2〜3kg/m²，その他を入れる）
④資材を混入するように，全体を耕起する

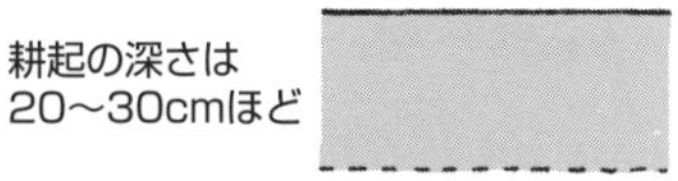

耕起の深さは
20〜30cmほど

2）播種・育苗

　通常は図2-3aの通りとする。育苗期間のポイントは，土壌を乾燥させないことである。なお，本葉1〜2枚のものをポットに仮移植してもよい（図2-3b）。

　降雪や厳寒地以外は，購入または自家採取のタネを前年の秋に畑の空いたところにバラ播きし，春に発芽した本葉1〜2枚の苗をポット（直径5cmほど）に移植してもよい。

　いずれも，夏には立派な苗になる。

3）施肥，畦づくり，植付け

　肥料は全面全層施肥とし，図2-4の通りにする。発根部が1〜2cmほど土中に隠れる程度に植える。

4）追肥，管理

　2年目以降，株を大きくしすぎると抽だいするので，若葉の収穫を早めに行なう。

　追肥は必要に応じて行なうが，通常は月に1回ほど，中耕培土をかねて行

図2-3a 育苗の仕方

①必要な苗数に見合う容器に用土（肥料，堆肥など混入済み）を入れ，十分に灌水する

②あらかじめタネに吸水させる（一昼夜）
ガーゼにくるんで水コップに入れる

③播種し，覆土する。乾燥させないように，必要に応じて灌水する（表面または底面から）

④間引きしながら本葉4〜5枚まで育てる

容器の深さ15cm
用土
小石などスノコ状

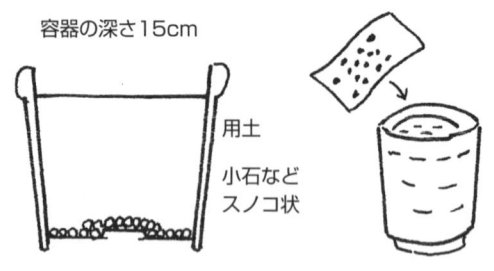

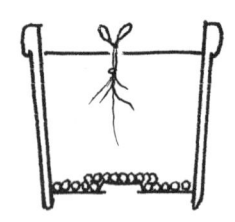

● 用土の資材配合（用土10ℓ，堆肥200g，苦土石灰10g，その他を混入。半月ほどおいて，化成肥料〈3要素成分各8〜10%〉なら10gを混入）

図2-3b 仮移植，定植の苗の大きさ

①本葉1〜3葉で，鉢（10cmほど）に移植する（写真左，中）
②5〜6葉で，畑へ定植（写真右）

なう。追肥量は，化成肥料（3要素成分各8〜10%）なら30〜50/m²で，畦間または株間施用かスポット施肥にする（49ページ図7-7を参照）。

土壌を乾燥させないように灌水し，盛夏期の強光時には遮光すると生長が良くなる。

雑草は早めに除去する。

5）病害虫

育苗時にネキリムシやダニ類が発生する。捕殺，農薬散布など早期対策に努める。

6）収 穫

展開した大きい葉を2〜3枚は残るようにして若葉を摘み取る。密植して，間引き株を食用にすることもできる。

図2-4　施肥，畦づくり，植付け

①肥料を全面に撒布し（化成肥料〈3要素成分各8〜10％〉なら，150g／m²）
②10〜15cm深さに耕起し
③右図の畦をつくり，土壌水分が足りなければ十分に灌水し
④水がなじんだら，苗を植え付ける

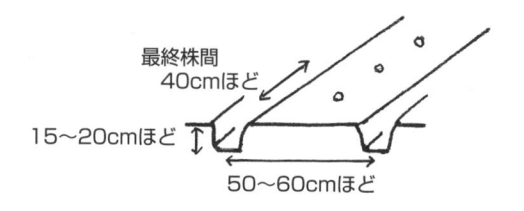

最終株間40cmほど
15〜20cmほど
50〜60cmほど

■ 保存，栄養，利用

1）保存法

　必要に応じて収穫するのがよい。余ったものは，水で湿らせた新聞紙やラップにくるむか，ゆでて小分けにラップして冷蔵庫へ入れる。乾燥粉末や塩漬けにする方法もある。

図2-5　収穫した若葉

2）栄養特性

　ビタミンA，B₂，Cなど，またカリウム，カルシウム，鉄分などのミネラル分，食物繊維，葉緑素にも富み（巻末附表を参照），まずは通常の食品としては一級品である。このほかに，ゲルマニウムも含まれる。

　茎を切ると出る黄色成分には，特殊な成分としてカルコン類（キサントアンゲロール，4-ヒドロキシデリシンなど10種類以上）とクマリン類が含まれている。前者には，胃潰瘍の予防（胃酸の分泌を抑える），糖尿病改善，血栓予防や末梢神経弛緩による血圧降下・血流促進，抗アレルギー作用，制ガン作用，コレステロール低下，強い抗菌作用，セルライトの解消，ダイエットなどの効果がある。また，後者には，抗菌作用のほかに，免疫力を高め，血圧降下，認知症，血栓症，心筋梗塞症の予防・治療効果があるといわれる。

3) 調理・利用法

アクがある。

おひたし，和え物，天ぷら，炒め物，スープや汁の具，佃煮（とくに柄の部分）など。乾燥してつくった粉末は，ケーキ類やお茶などに。青汁や焼酎漬けなどの飲料にも使われる。

茎を細切りして乾かし，これを漬けた焼酎はおいしい。

各種の青汁，薬酒，健康食品，化粧品，入浴剤などが販売されている。

■ プランター栽培のポイント

図2-6aの通りである。

追肥は必要に応じて行なうが，やり方は，割りばしを使ったスポット追肥がよい（49ページ図7-7を参照）。1回の追肥量は，化成肥料（3要素成分各8〜10％）なら50g/m²ほどとする。

灌水は，表面が乾き始めたら十分に行なう。ときどき底面からの給水も行なう。

図2-6a　アシタバのプランター栽培

- 深さは15cmほどでよい
- 用土（10ℓに，堆肥300gと苦土石灰10〜15g，2週間以上後に化成肥料〈3要素成分各8〜10％〉なら20gなど混入）
- 最終株間距離は，15〜20cmほど

③水やり
②用土入れ
④苗を植え
①スノコ状，小石など
⑤土を寄せ，軽く鎮圧

図2-6b　プランターでの密植栽培

アシタバのこと

●原産地，呼称など

　原産地は八丈島といわれ，八丈島や大島などの伊豆七島，房総半島，三浦半島などの太平洋岸に自生している。葉を摘み取っても次から次へと出葉してくるので「明日葉」と称される（図2-7）。かつてはアシタグサとも呼ばれ，八丈ソウ，八丈ゼリとも別称されている。

図2-7　アシタバの若芽を摘む婦人

（「聞き書東京の食事」302頁，千葉寛撮影）

　伊豆諸島あたりでは古くから食用や民間薬として利用され，江戸中期の貝原益軒の『大和本草』，中国の『本草綱目』にも記載されている。現在は韓国やインドネシアでも栽培されている。

　学名は *Angelica keiskei* Koidzumiで，セリ科シシウド属の大型多年草。暖地では常緑多年草だが，中間地以北では地上部が枯れる。

●トピックス

　アシタバのこれまで明らかにされた有用成分については本文に述べた通りだが，まだ多くの未解明成分があるといわれている。古くからの痘瘡の治療，肝臓の強化，利尿・緩下，催乳，疲労回復，若さの維持，強壮などの効果があるという言い伝えや，「チンダチグサ」（失礼）とも呼称されていたこと，また自身も強い繁殖力をもっていることなどを考えると，秦の始皇帝や漢の武帝が不老長寿の薬草として探し求めたのは，このアシタバではなかったかとも思える。今後の研究に期待するところが大きい。

3 アスパラガス【ユリ科】

[気象] 発芽適温は20～30℃，生育適温は12～25℃で，温暖気候を好む。耐寒性は強い。半日陰でもよく生長し，強日射を好まない。
[土壌] pHは6.0～7.0あたりがよい。通気性や排水が良く，肥沃で深い作土を好む。
[病害虫] 少ないが，紫紋羽病，茎枯れ病などいくつかの重要病害がある。
[連作] 一度植えると15年ぐらい連続して収穫できる。
[生育の特徴] 貯蔵根の養分によって発生する若芽が食用になる。播種から2～3年，株分けから1～2年で収穫が始まる。雄株は茎数が多く，雌株は赤い実をつけ，茎は太い。

■作期・作型，品種

図3-1aの通りである。家庭菜園では，株分けがよい。トンネル，マルチ利用によって収穫期間を拡げることができる。

図3-1a　作期・作型

	作　型	1月	2月	3月	4月	5月	6月	7月	8月	9月	10月	11月	12月
中間・暖地	播種・購入苗				●●● ○○○	（1～2年養成し，収穫はその後の4，5月から）					○○○		
	株分け定植			■■■■			（収穫は翌4月から）				■■■■		
寒地・寒冷地	播種・購入苗					●●● ○○○	（2～3年養成し，収穫はその後の5月から）				○○○		
	株分け定植					■■■■	（収穫は翌5月から）				■■■■		

●● 播種　　○○ 定植　　■■■■ 株分け（3芽ついた株）

グリーンアスパラガス：芽が出て日光を浴びたものを収穫する。
ホワイトアスパラガス：培土で軟白栽培したもの。ほろ苦さがある。
パールアスパラガス：うっすらと紫色をしているが，ゆでるとグリーンに

なる。

　ミニアスパラガス：小型のアスパラガス。調理しやすい。

■つくり方

1）畑の準備

　いちど植え付けると少なくとも5年から10年以上収穫できるので、ほかの野菜の支障にならない場所を選ぶ。図3-2の手順で準備する。

図3-1b　アスパラガスとミニアスパラガス

図3-2　畑の整え方

作業手順
①排水が良く、深く耕起できる場所を選ぶ
②畑の整理（前作の残渣、雑草の根塊を整理）
③土改資材などの撒布（苦土石灰200〜300g、堆肥3〜5kg、熔リン100g/m²、その他）
④スコップなどで資材を混入するように、全体を耕起する

耕起の深さは30cm以上

2）播種・育苗

　発芽は、図3-3aのような順序で行なわれる。

　苗の準備には、①芽が2〜3ほどついた株分け、②市販苗、③自分で播種し育てた苗の3つがあるが、家庭菜園では①または②がよい。③の場合には、図3-3b、cによる。

図3-3a　アスパラガスの発芽過程　（八鍬利郎，1989）

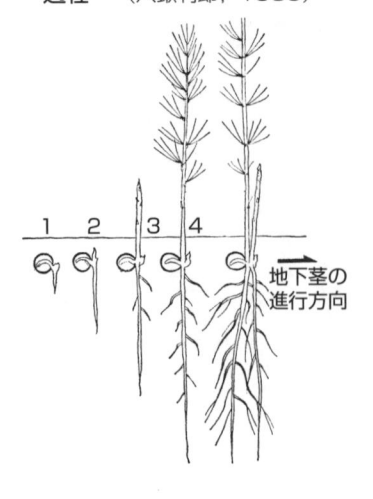

3）施肥，畦づくり，植付け

1条植えがよい。最初は畦幅が狭くてよいが，3年目以降は，少し広げる（図3-4）。

4）追肥，管理

追肥のやり方には，通常の標準法とスポット法がある（図3-5）。株の養成中は標準法でよいが，年数の経過とともにスポット施肥（49ページ図7-7を参照）の効果が高くなる。1回の追肥量は，化成肥料（3要素成分各8～10%）なら50g/m²ほどとする。

灌水は，少量で頻繁に行なうのではなく，茎葉が下垂を始めたら十分に灌水する。

茎葉の倒伏は光合成を低下させ，過繁茂は病気の発生しやすい条件になるので，①あらかじめ倒伏しないように支柱立て，または支柱とヒモ・ビニールテープを用いて対応する，②茎葉が1.5m以上になった場合には下垂する先端を刈り取るか，あらかじめ1mほどの伸長時に摘心する。

雑草は引き抜き，地表のかき削り，黒マルチ，除草剤散布などで，適切に

図3-3b　育苗の仕方

①必要な苗数に見合う容器に用土（肥料，堆肥などを混入済み）を入れ，十分灌水する

②タネをガーゼなどにくるみ，水に浸け，タネを膨らます　水コップに入れる

③乾燥させないように，必要に応じて灌水する（表面または底面から）

容器の深さ15cm　用土　小石などスノコ状　コップ　灌水

● 用土の資材配合（用土10ℓ，堆肥300g，苦土石灰30g，熔リン50g，その他を混入。半月ほどおいて，化成肥料〈3要素成分各8～10%〉なら20gを混入）

図3-3c　移植準備

方法A
①本葉1〜2枚で間引き（株間距離，5cm），秋冬まで育てる
②秋，地上部が枯れたら，株元1〜2cmを残して切り落とし，春を待つ

方法B
①本葉3〜4葉で，鉢に（10cmほど）に仮移植し，秋冬まで育てる
②秋，地上部が枯れたら，株元1〜2cmを残して切り落とし，春を待つ

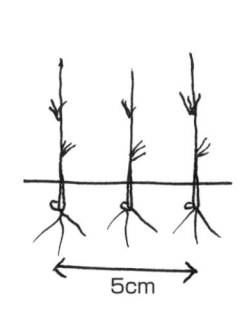

図3-4　施肥，畦づくり，定植

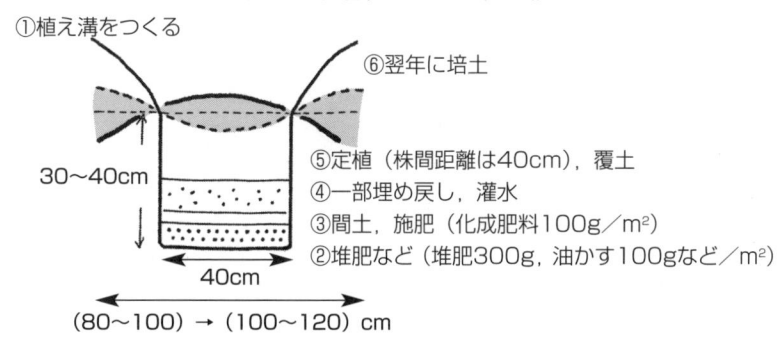

①植え溝をつくる
⑥翌年に培土
⑤定植（株間距離は40cm），覆土
④一部埋め戻し，灌水
③間土，施肥（化成肥料100g／m²）
②堆肥など（堆肥300g，油かす100gなど／m²）

30〜40cm
40cm
(80〜100) → (100〜120) cm

対応する。

　秋の茎葉刈り取りは，茎葉のほとんどが黄色に枯れたときに2〜3cmを残して行なう。時期が早すぎると翌春の萌芽の劣ることがある。刈り取った茎葉は必ず搬出し，焼却する。

5）土壌の部分交換

　数年で株が衰えていくことが多い。これを改善するには，株の一部の土壌を新しく肥沃な土壌と交換するとよい（図3-6）。ポイントは，①新しい土に

図3-5　追肥の2型

肥料を撒布後，　　穴あけ後，肥料を入れ，
中耕培土する　　　残りを土で埋める。
　　　　　　　　　穴数は適宜増減する

通常の方法　　　　スポット法

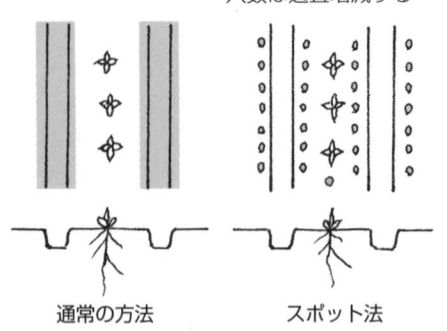

図3-6　土壌の部分交換の方法 (戸澤英男, 2006)

株が古くなったら，土壌　　次の年には反対側
を部分(畦の1/3～1/2)
更新

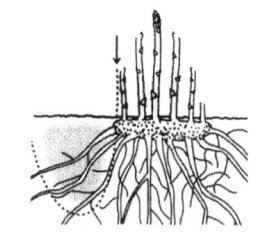

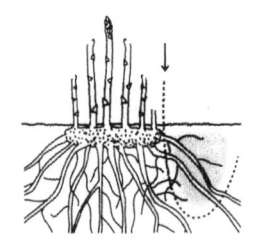

は完熟堆肥などの有機物資材や，リン酸成分の多い肥料を混入する，②断根を最小限にする，③株から取り出す土は3～40cm深くまで行なう（深いほどよい），などである。

6）病害虫

　紫紋羽病，褐色菌核病，茎枯れ病（多湿で発生，患部を除去し焼却）が重要である。越冬前の枯れた茎葉は，必ずきれいに運び出し，焼却する。

7）収　穫

　初回の収穫は単期間にとどめ，株の養成に努める。収穫の時間帯は，朝どりが甘くみずみずしく，日持ちもよい。

■ 保存，栄養，利用

1）保存法

必要に応じて収穫し，食べる。余ったものは，湿らせたペーパータオルや新聞紙などにくるんで冷蔵庫に立てて入れる。固めに塩ゆで（2％）し，冷水に入れ，冷ました後水気を切り，ラップなどで小分けし冷凍する。

2）栄養特性

グリーンにはビタミンA，B_1，B_2，C，E，葉酸やカリウム，カルシウム，鉄分などがまんべんなく含まれているが，ホワイトの含量は低い（巻末附表を参照）。しかし，ホワイトは糖分が多い。

アスパラギン酸（毛細血管の拡張，新陳代謝やタンパク質合成の活発化，疲労回復と老化防止など）やフラボノイドの一種ルチン（毛細血管強化，高血圧や動脈硬化の予防，利尿）は種類を問わず多く含まれる（表3-1）。

3）調理・利用法

サラダ，和え物，天ぷら，汁の具，おひたし，各種料理のつけ合わせなど。ゆで時間は，グリーンが10分，ホワイトが15分を目安にする。

■ プランター栽培のポイント

図3-7の通りである。

追肥は必要に応じて行なうが，早春，収穫期前後，茎葉繁茂期には必ず行なう。やり方は，割りばしを使ったスポット施肥がよい（49ページ図7-7を参照）。1回の追肥量は，化成肥料（3要素成分各8～10％）なら30～50g/m^2ほどとする。

図3-7　アスパラガスのプランター栽培

- 深さ，広さともに，30cm以上
- 苗（購入または2～3芽がついた株分け）を使う
- 用土．（10lに，堆肥500gと苦土石灰20～40g，2週間以上後に化成肥料〈3要素成分各8～10％〉なら20gなど混入）
- 株間距離は，30cm以上とする

⑤その後の最初の灌水は底面吸水が望ましい
④十分に水やりする
③苗を入れ，残りの用土をすき間なく入れる
②用土の一部を底面に入れる
①スノコ状，小石など

アスパラガスのこと

●原産地，呼称など

　原産地はヨーロッパ南部からロシア南部にかけての地域。古くから薬用として利用された。栽培は紀元前200年頃からラテン民族によって始められた。

　珍しいことに，わが国へは中国よりも早く伝播し，天明元年（1781年）にはすでにオランダ人によって長崎に伝えられ，観賞用として用いられた。野菜としての利用は明治時代に入ってからで，本格的な栽培は北海道の岩内町で始まった。大正7年の試作を経て，12年（1923）には40haとなった。そして，同14年にはホワイトの缶詰会社が設立された。遅れてグリーンが利用されるようになったのは，昭和45年（1970）頃からである。

　アスパラガスは，漢字で「石勺柏」と書く。在来の「キジカクシ」（キジの隠れ家になるほど生い茂るに由来する）に似ていることから「オランダキジカクシ」，また「マツバウド」と呼ばれたこともある。

　学名は*Asparagus officinalis* L.var.*altilis*で，ユリ科クサスギカズラ属，雌雄異株の落葉多年草。なお，*Asparagus*はギリシャ語の"はなはだしく裂ける＝松葉状の擬葉（本当の葉は茎に着生した三角型の鱗片状）のついた枝のこと"の意，*officinalis*はラテン語の"薬になる"の意。

●トピックス

①アスパラギン酸

　アミノ酸の一種アスパラギン酸は，1908年にアスパラガスの液汁から発見されたことから名付けられた。含量が多いから名付けられたという記載がままあるが，表3-1に見られるように，特別に多いということではない。

　このアミノ酸は人体でも合成されるが，そのおもな働きは，たんぱく質合成の材料になること，尿をつくって有害物質を体内に吐き出し，血液を清浄に保つこと，またカルシウムやマグネシウムと結びついて各組織に運び込む，などがある。これらによって，身体機能向上，疲労回復，肝機能強化，皮膚組織の活動の活発化などをもたらす。

②緑黄色野菜

　グリーンアスパラガスはあまり濃緑でないが，立派な緑黄色野菜である。緑で代表される緑黄色野菜は，淡色野菜と区分されているが，その基準は緑色の違いからでなくカロテン含量の違いによっている。カロテンは赤や黄色を示す色素の一種で，人体内ではビタミンAに変化し，また抗酸化性を示す働きがある。

　具体的な基準は，"新鮮な野菜100g中にベーター（β）カロテンを600μg以上含むもの"とされている。この基準に合うものとしては10,000μg以上のモロヘイヤやシソの葉を筆頭に，ニンジン，パセリ，

アシタバ、シュンギク、コマツナ、ホウレンソウ、タアサイ、ツルムラサキ、カラシナ、クレソン、カボチャ、カブやダイコンの葉、サヤエンドウ、ブロッコリー、アスパラガス、サヤインゲン、芽キャベツ、オクラ、タイサイなどの野菜が入っている。

タアサイの含量は2400μgで野菜の中でもトップクラスであり、中国野菜の中では間違いなくトップである。なお、トマト、アスパラガス、ピーマンは含量は基準に達しないが、多量に食べられてカロテンの摂取量も多くなるということで、仲間に入っている。以上を含め、緑黄色野菜は現在50以上もある。

表3-1 野菜のアスパラギン酸含量 (可食部100g中、mg)

野菜	含量	野菜	含量
エダマメ	1,400	アスパラガス	360
モヤシ（大豆）	980	シュンギク	260
オクラ	510	ホウレンソウ	240
ブロッコリー	550	キャベツ	110
エンドウ（サヤ）	490	トマト	73

注）[http://www4.ocn.ne.jp/~katonet/syokuhin/aminosan/a-yasai.htm] から抜粋

4 エゴマ【シソ科】

【気象】発芽,生育ともに適温は15～25℃あたりで,冷涼を好むが,暑さにも強い。日照を好むが,半日陰にも耐える。
【土壌】pHは6.0あたりが良い。土壌をあまり選ばないが,有機質に富む排水の良い土壌を好む。乾燥すると生育が落ちる。
【病害虫】少ない。
【連作】連作すると,病害が発生しやすい。
【生育の特徴】葉や草姿がやや大型で1m以上に達し,分岐が多い。直根性で,倒れやすい。短日植物で,秋に果穂が出て,実をつける。

■作期・作型,品種

図4-1の通りである。

図4-1　作期・作型

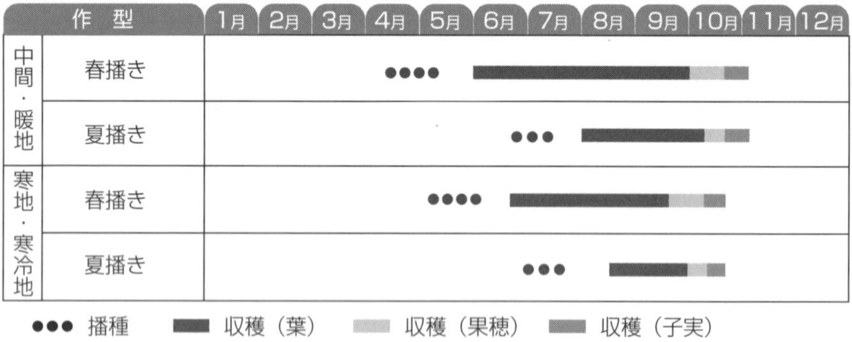

作型		1月	2月	3月	4月	5月	6月	7月	8月	9月	10月	11月	12月
中間・暖地	春播き				●●●●								
	夏播き						●●●						
寒地・寒冷地	春播き					●●●●							
	夏播き						●●●						

●●● 播種　　■ 収穫(葉)　　■ 収穫(果穂)　　■ 収穫(子実)

　アジアの各地には,早晩性などの異なる多くの品種や系統が定着し,まだ未分化のものも多いという。
　わが国にも各地にいくつかの在来品種があり,韓国品種などとともに市販されているタネもある。

■つくり方

1）畑の準備

図4-2の通りである。一連の作業は，施肥，定植の半月前に終える。

図4-2　畑の整え方

作業手順
① 排水の良い場所を選ぶ
② 畑の整理（前作残渣，雑草の根塊を整理）
③ 土改資材などの撒布（苦土石灰100g，堆肥1〜2kg/m²，その他を入れる）
④ 資材を混入するように，全体を耕起する

耕起の深さは20cmほど

2）施肥，畦づくり，播種

ここでは直播について述べる。育苗・移植では，移植のときに断根しないように留意する。

肥料は全面全層施肥とし，図4-3の通りにする。倒伏しやすいので多肥にならないようにする。

排水の良くないところでは，畦を高めにする。

図4-3　施肥，畦づくり，播種

① 肥料を全面に撒布し（化成肥料〈3要素成分各8〜10％〉なら，150g/m²）
② 10cmほどの深さに耕起し
③ 右図の畦をつくり，十分に灌水する
④ 多めに播種し，タネの上0.5cm程度に覆土，板切れなどで軽く鎮圧
⑤ 間引き菜を利用しながら，本葉3〜4枚時に，最終の株間距離までもっていく

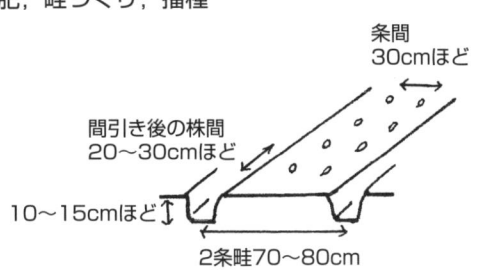

条間30cmほど
間引き後の株間20〜30cmほど
10〜15cmほど
2条畦70〜80cm

3）仕立て方，追肥，管理

間引きは，間引き菜を利用しながら行ない，最終間引きは本葉4〜5枚ほどまでに終える。間引きは残す株の根を傷めないように留意する。

仕立て方は「18　シソ」に準じる。

図4-4　エゴマの収穫した葉，果穂，子実

追肥は，通常は必要ないが，葉色が薄く生育が停滞した場合には，化成肥料（3要素成分各8～10％）なら30～50g/m²を施す。やり方は畦間または株間施用か，スポット施肥にする（49ページ図7-7を参照）。

4）病害虫

連作では立枯れ病が，また生育初期にはヨトウムシが出やすい。連作を避け，ヨトウムシの早期捕殺や農薬散布を行なう。

5）収　穫

葉の収穫は，「18　シソ」に準じる。
秋季になると果穂，続いて子実の収穫ができる。

■保存，栄養，利用

1）保存法

必要に応じて収穫するのが望ましい。余ったものは，光を当てないようにすばやく湿らせた新聞紙やラップにくるんで，冷蔵庫に入れる。乾燥する方法もある。

2）栄養特性

ビタミンA，B類，ナイアシンやカリウム，カルシウム，マグネシウム，リン，鉄分，食物繊維に富む（巻末附表を参照）。

高栄養の緑黄野菜の1つで，まんべんなく成分が含まれ，健胃整腸，骨組織の強化，血圧降下，免疫性の向上，抗ウイルス効果が知られている。$α$-リノレン酸やポリフェノールも含まれ，多くの健康効果が期待できる（表4-1）。

3）調理・利用法

シソと同様に，発芽から登熟した子実まで利用できる（「18　シソ」を参照）。風味はシソより強い。おひたし，天ぷらなどにも用いられる。

東京都足立区の特産「アオメ（青芽）」は，エゴマの子葉が完全展開した刺身用のツマ。

油はゴマ油の代用になるだけでなく，ジュウネン汁，ジュウネンみそなどに利用する。ゴマの葉キムチはエゴマの葉を用いる。

図4-5　葉の収穫をねらいとしたプランター栽培

■ プランター栽培のポイント

図4-6の通りである。多めに播種し，間引き菜を利用する。

必要に応じ追肥する。やり方は，割りばしを使ったスポット施肥がよい（49ページ図7-7を参照）。1回の追肥量は，化成肥料（3要素成分各8〜10％）なら30g/m^{2}ほどとする。

乾燥させないように，底面からの給水も行なう。

図4-6　エゴマのプランター栽培

- 深さは20cm以上。1個体植えでは，直径15cmほどでもよい
- 用土（10ℓに，堆肥100〜200gと苦土石灰10g，2週間以上後に化成肥料〈3要素成分各8〜10％〉なら15gほど混入）
- 多めに播種し，最終の株間距離は20〜25cmとする

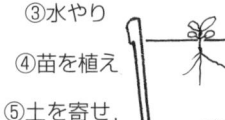

③水やり
④苗を植え
⑤土を寄せ，軽く鎮圧
②用土入れ
①スノコ状，小石など

エゴマのこと

●原産地,呼称など

原産地は,インド高地から中国雲南省高地と推定されている。わが国には,中国,韓国を経て導入され,縄文時代(5,000～1万年前)から食べられていたらしい。油糧作物としての利用は,平安時代初期から江戸時代半ば過ぎに至る800年もの間全盛期にあった。しかし,その後ナタネにとって代わられた。

ジュウネン,アブラツブともいう。

学名は*Perilla frutescens* L.var.*frutescens*で,シソ科シソ属の一年草。

●トピックス

エゴマ成分で注目されるのは,子実中の油や葉に多く含まれるα-リノレン酸含量が群を抜いていることである(表4-1)。油の脂肪酸には種類ごとにそれぞれに働きがあるが,このα-リノレン酸は,体の中でEPA・DHAに変換されて,動脈硬化・血栓症・心筋梗塞,高脂血・高血圧,ガン(とくに乳,肺,大腸)やアレルギーの発症を抑制,学習能力の向上などに効果があるといわれ,そのため,鶏の卵肉,豚肉などの含量を増やす研究も数多く行なわれている。また,リノール酸の摂りすぎの害を除去する働きもある。

ポリフェノールも多いので,上記の効果をいっそう高めている。

表4-1　エゴマ油にはα-リノレン酸が多い　　(%)

植物油別	α-リノレン酸	リノール酸	飽和脂肪酸
エゴマ油	60	10	30
ごま油	1	40	59
なたね油	10	20	70
大豆油	8	50	42
ベニバナ油	1	70	29
オリーブ油	1	10	89

注)「日本エゴマの会」(2006)から

●食品の抗酸化性

　食品の「抗酸化性」がよくいわれる。この抗酸化性の「酸化」とはどういうものだろうか。鉄がさびるのは鉄が空気中に21％も含まれている酸素と結びついて（化合し），酸化したためである。つまり鉄錆（腐食）である。腐食した鉄は資材としては弱いので，「さび止め」を塗って空気を遮断し，酸化を防いでいる。

　一方，人は酸素なしでは生きていけず，呼吸によって酸素を体内に取り込んでいろいろな生体反応の働きをする。酸素の行き届かない細胞や組織は死滅し，いろいろな病気の原因になる。

　さて問題なのは，重要な役割を果たしている酸素のすべてが同じ性質をもち，こうした役割を果たす性質をもっているのではないということである。取り込まれた酸素の内のごく一部，つまり3〜10％は本来の働きをせずふらふらした不安定な性質をもち，これが「活性酸素」に変化する。この活性酸素は，単独またはほかの成分などと結びついたりしてDNAや細胞の異常をおこし，鉄でいえば鉄錆をつくるのである。つまり，各種のガン，生活習慣病，老化を引き起こす元になるのである。

　「抗酸化性」とは，この活性酸素の働きを抑えたり，体内から除去する働き（機能）をいう。この性質をもつ物質や成分を「抗酸化性成分」または「抗酸化性成分」といい，多くのものが知られている。抗酸化物質は，野菜をはじめとする食品の中に多く含まれるが，人体内でつくられているものもある。また，合成されるものもある。

　活性酸素を増やす要因：紫外線，放射線，排気ガス，ストレス，一部の化学物質や食品成分，栄養素の不足などなど。いずれも，量や強さが問題となる。
　抗酸化物質のいろいろ：野菜などの農作物に含まれるもの
　カロテノイド類（脂溶性色素）：α-カロテン，β-カロテン，γ-カロテン，リコピン，β-クリプトキサンチン，ルテイン，キサントフィルほか
　ポリフェノール類：アントシアニン，イソフラボン，フラボノイド，カテキン，ケルセチン，タンニン類ほか
　その他：ブドウ種子ほか
　ビタミン類；ビタミンC，ビタミンE ほか
体内で作られるもの；SOD（スーパーオキサイドディスムターゼ），カタラーゼ，グルタチオンペルオキシターゼほか

エゴマ

5 エンサイ(エンツァイ)【ヒルガオ科】

[気象] 発芽適温は20〜30℃，生育適温は25〜30℃あたりで，暑さに強い。寒さに弱く15℃以下では育たない。日照は通常でよい。
[土壌] pHは6.0〜7.0あたりがよい。土壌乾燥に弱く，保水性に富む土壌がよい。
[病害虫] あまりない。
[連作] あまりない。
[生育の特徴] 高温性の短日植物で，種子形成は暖地に限られる。生育期間がごく短く，2〜3週間目から収穫できる。分岐の再生は速い。
◎水陸のどちらでも育つ。

■作期・作型，品種

　図5-1の通りである。秋季に保温すると収穫期を延長でき，暖地では周年収穫が可能な地域もある。
　尖葉種と丸葉種がある。

図5-1　作期・作型

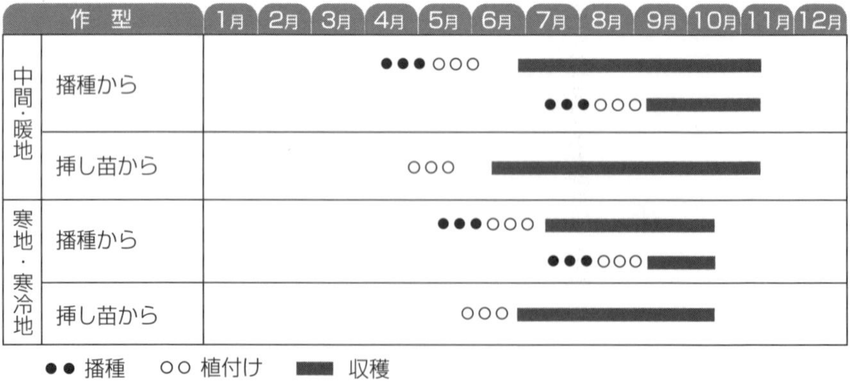

	作　型	1月	2月	3月	4月	5月	6月	7月	8月	9月	10月	11月	12月
中間・暖地	播種から				●●●○○○			▬▬▬	▬▬▬	▬▬▬	▬▬▬	▬▬▬	
						●●●○○○		▬▬▬	▬▬▬	▬▬▬	▬▬▬	▬▬▬	
	挿し苗から					○○○		▬▬▬	▬▬▬	▬▬▬	▬▬▬	▬▬▬	
寒地・寒冷地	播種から					●●●○○○		▬▬▬	▬▬▬	▬▬▬			
							●●●○○○	▬▬▬	▬▬▬	▬▬▬			
	挿し苗から						○○○	▬▬▬	▬▬▬	▬▬▬			

●●播種　○○植付け　▬▬収穫

　世界には未分化の多くの系統があるが，わが国では1〜2品種のタネが市販されている。

■つくり方

1）畑の準備

図5-2の通りである。一連の作業は，施肥，定植の半月前に終える。「22セリ」のように，くぼ地の中に畦をつくる方法でもよい。

図5-2　畑の整え方

作業手順
① 灌水の便の良いところを選ぶ
② 畑の整理（前作残渣，雑草の根塊を整理）
③ 土改資材などの撒布（苦土石灰100g，堆肥2～3kg/m²，その他を入れる）
④ 資材を混入するように，全体を耕起する

耕起の深さは10cmほど

2）播種・育苗

栽培には，直播，育苗・移植，発根苗の3つがあり，一般的には育苗・移植（図5-3a）で行なう。タネは一晩水につけて吸水させたものを播く。

家庭菜園では，発根させた苗（図5-3b）の利用もおもしろい。

図5-3a　育苗の仕方

① 必要な苗数に見合う容器に用土（肥料，堆肥など混入済み）を入れ，十分に灌水する

容器の深さ10cm以上
用土
小石などスノコ状

② あらかじめタネに吸水させる（一昼夜）

ガーゼにくるみ，水コップへ入れる

③ 播種し，覆土する。乾燥させないように，必要に応じて灌水する（表面または底面から）
④ 間引きしながら本葉4～5枚まで育てる（株間距離10cm）

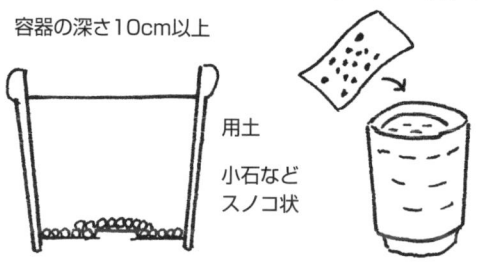

● 用土の資材配合（用土10ℓ，堆肥200g，苦土石灰10g，過リン酸石灰3～5g，その他を混入。半月ほどおいて，化成肥料〈3要素成分各8～10%〉なら10gを混入）

図5-3b　発根させたエンサイ苗

エンサイの発根は土中よりも水挿しが早く，早く定植できる

3）施肥，畦づくり，植付け

肥料は全面全層施肥とし，図5-4の通りにする。1条植えがよい。

直播は，多めに播種し，間引き菜を利用しながら，最終株間距離にもっていく。

4）追肥，管理

生育が盛んになったら適宜追肥する。追肥は，軽い中耕をかねて行なう。追肥量は，化成肥料（3要素成分各8〜10％）なら30〜50g/m^{2}ほどで，やり方は畦間または株間施用か，スポット施肥にする（49ページ図7-7を参照）。

土壌表面は，いつも浸潤状態にあることが望ましい。

初期の雑草防除が重要である。

なお，多目に播いて混み合わないように間引きし，間引き株を食用にすることもできる。

図5-4　施肥，畦づくり，播種

①肥料を全面に撒布し（化成肥料〈3要素成分各8〜10％〉なら，100〜150g/m^2）
②耕起し
③右図の畦をつくり，十分に灌水する
④2〜3cm間隔で播き（あとで間引いて一株一本に）
⑤タネを隠す程度に覆土，板切れなどで軽く鎮圧

畦幅40cmほど
間引き後の株間 20〜40cmほど
10cmほど
1条畦60〜70cm

5）病害虫

サツマイモと同様のナメクジ，コガネムシ，ヨトウ，コナジラミ，ダニ類が発生することがある。捕殺，農薬散布など早期対策に努める。

6) 収　穫

　20cmほどに伸びたら，下位の4〜5葉を残して先端の柔らかい部分から摘み取り，利用する。以後，分岐し生長したものを，同じように収穫していく。繁茂すると徒長ぎみの芽になるので，必要に応じて，分岐を整理する。

■ 保存，栄養，利用

1) 保存法

　収穫後の鮮度は低下しやすく，とくに葉は黄変しやすい。したがって，必要に応じて収穫するのが望ましい。余ったものは，湿らせた新聞紙やラップにくるんで，冷蔵庫に立てかけて入れる。乾燥する方法もある。

2) 栄養特性

　ビタミンA，B類，C，K，ナイアシン，葉酸やカリウム，カルシウム，鉄分などのミネラル分，食物繊維，葉緑素に富む。とくにナイアシン（ホウレンソウの2倍），葉酸（同6倍），カルシウム（同2倍）は多い（巻末附表を参照）。

　免疫性の向上，生活習慣病の予防，健胃整腸，解毒作用や美肌，骨組織の強化，貧血防止などの効果が期待できる。また，ポリフェノールが多いのも加わって，高い抗酸化性を示す。

3) 調理・利用法

　調理上の特徴は，栄養分が多い，アクやクセがなく味に特徴がない，煮くずれしやすい，加熱すると黒変しやすい，である。

　炒め物，おひたし，天ぷら，おかき，スープの実などに用いられる。

■ プランター栽培のポイント

　図5-5の通りである。多めに播種し，間引き菜を利用する。収穫期に入ったら，月に一度ほど割りばしを使ったスポット追肥を行なう（49ページ図7-7を参照）。1回の追肥量は，化成肥料（3要素成分各8〜10％）なら30〜50g/m^2ほどとする。

　灌水は，表面がいつも浸潤状態になるように行なう。ときどき，底面からの給水も行なう。

図5-5a　エンサイのプランター栽培

- 深さは10〜15cmほどで十分だが、水管理の都合上から深いほどよい
- 用土（10ℓに、堆肥200〜300gと苦土石灰10g、2週間以上後に化成肥料〈3要素成分各8〜10%〉なら20〜40gなど混入）
- 植付けの株間距離は、はじめ5〜10cmほど、生長したら20〜30cmほどにする

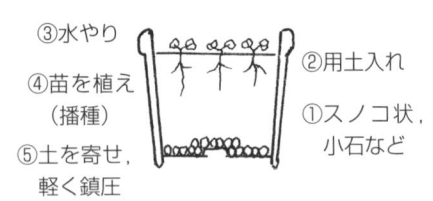

③水やり
④苗を植え（播種）
⑤土を寄せ、軽く鎮圧
②用土入れ
①スノコ状、小石など

図5-5b　エンサイのプランター栽培

エンサイのこと

●原産地，呼称など

　エンサイまたはエンツァイの原産地は，タイ，マレーシアあたりの熱帯アジア。わが国には，中国から沖縄（琉球）を経て九州に伝来した。

　茎の中が空洞になっていることからクウシンサイ（空芯菜）やツウサイ（通菜），アサガオのような花をつけるのでアサガオナ，またカンコンサイともいう。関東でも晩秋に白や淡紫色の小さいアサガオ状の花が咲き，タネもつける。パップーン（タイ語）と紹介されていることもある。和名はヨウサイ。

　学名は *Ipomoea aquatica* Forsskal. で，ヒルガオ科サツマイモ属の蔓性の水辺多年草。文字通りサツマイモの仲間であり，また *aquatica* は水生の意味である。

●トピックス

　エンサイは，湖沼やダムの水質浄化栽培で期待されている。エンサイが適している理由は，まずは，①水辺で生育できること，その他に，②水質汚染の原因となる多くのチッソやリン酸などを吸収するものの有毒物質を含まない，③生育がごく旺盛である，④高栄養の野菜として利用できる，などの特徴からである。関東の印旛沼や，九州の上椎葉ダム，岩瀬ダムその他で，実用または実用化試験が行なわれている。アオコの栄養源となっていた水中のリン酸やチッソを，湖沼に浮かべたイカダのエンサイに吸わせて水をきれいにし，一方では高栄養の野菜を生産するという環境浄化と生産の一石二鳥をねらっている。

　さらには，養液栽培の廃液などの浄化にも役立てようとする試みも行なわれている。

図5-6　アサガオ状のエンサイの花

6 エンダイブ【キク科】

[気象] 発芽,生育適温ともに15〜20℃あたりで,冷涼な気候を好むが,寒さに弱い。強日射に弱い。
[土壌] pH6.0〜6.5あたりがよい。肥沃で排水の良いところを好む。乾燥には弱い。
[病害虫] 少ない。
[連作] 1〜2年はあける。
[生育の特徴] とう立ちは,翌年の5月,花期は6月。生育期間が短いので,作期の回転は速い。生育期間が長くなると苦味が増し,硬くなって利用できない。

■作期・作型,品種

　図6-1aの通りである。マルチ,トンネルなどの利用により,作期を拡大できる。

図6-1a　作期・作型

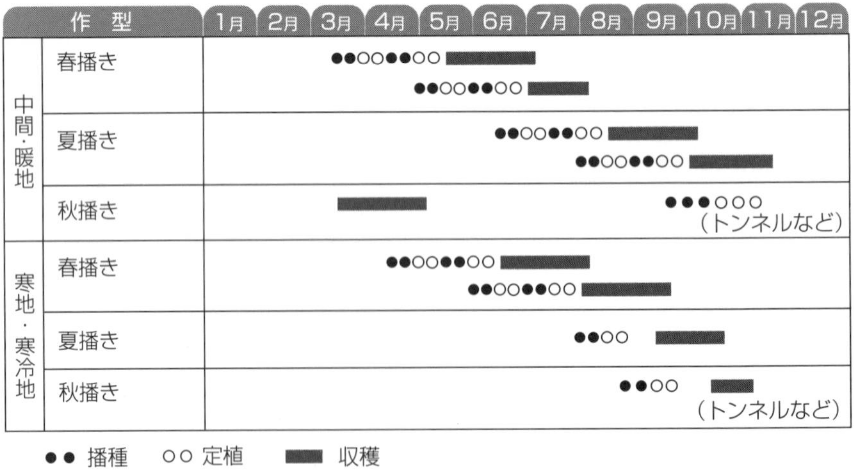

作型		1月	2月	3月	4月	5月	6月	7月	8月	9月	10月	11月	12月
中間・暖地	春播き				●●○○●○○		━━━━						
						●●○○●○○		━━━━					
	夏播き							●●○○●○○		━━━━			
									●●○○●○○		━━━━		
	秋播き				━━					●●●○○○			
										(トンネルなど)			
寒地・寒冷地	春播き					●●○○●○○		━━━━					
							●●○○●○○		━━━━				
	夏播き								●●○○	━━			
	秋播き							●●○○	━				
										(トンネルなど)			

●● 播種　　○○ 定植　　━━ 収穫

縮葉種（図6-1b）と広葉種があり，わが国では縮葉種が多い。

図6-1b　縮葉型エンダイブ

■つくり方

1）畑の準備

図6-2の通りである。一連の作業は，施肥，定植の半月前に行ないたい。

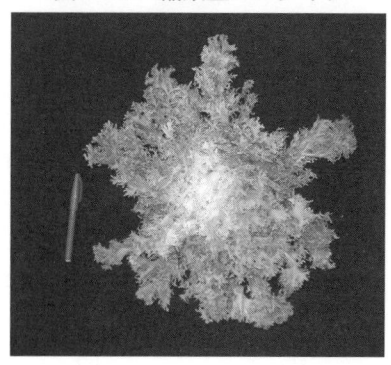

図6-2　畑の整え方

作業手順
①輪作が望ましい
②畑の整理（前作の残渣，雑草の根塊を整理）
③土改資材などの撒布（苦土石灰100〜150g，堆肥2kg/m²，その他必用に応じてリン酸資材も入れる）
④資材を混入するように，全体を耕起する

耕起の深さは15cmほど

2）播種・育苗

図6-3a，bのようにする。間引き株は，そのつど食卓へ。

図6-3a　育苗の仕方

①必要な苗数に見合う容器に用土（肥料などを混入済み）を入れ，十分灌水する。
②あらかじめタネに吸水させる（1昼夜）。
③1〜2cm間隔で播種，ごく薄く覆土。その後，必要に応じて灌水（表面または底面から）

容器の深さ10〜15cm
用土
小石などスノコ状
ガーゼにくるみ水コップへ入れる
灌水

- 日射の強い時期には，寒冷紗などで覆い，半日陰で育苗する
- 用土の資材配合（用土10ℓ，堆肥100g，苦土石灰10gを混入。半月後の定植（播種）前に，さらに化成肥料〈3要素成分各8〜10%〉なら10gを混入）

図6-3b　定植準備

方法A
①本葉1～2葉で間引く（株間隔5cm）
②4～6葉で移植前の土切り（苗と苗との間に切れ目を入れる）を行なう
③数日後に畑へ定植

方法B
①本葉2～3葉で，鉢（10cmほど）に移植する
②4～5葉で，畑へ定植

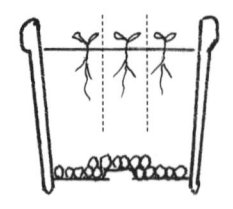

3) 施肥，畦づくり，定植

肥料は全面全層施肥とし，図6-4の通りにする。

図6-4　施肥，畦づくり，定植

①肥料を全面に撒布し（化成肥料〈3要素成分各8～10%〉なら，100～150g/m²）
②20cm深さに耕起し
③右図の畦をつくり
④植え穴を掘り，定植する

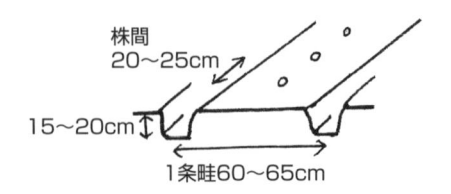

株間 20～25cm
15～20cm
1条畦60～65cm

4) 追肥，管理

収穫期間が短いので，あまり追肥を必要としないが，必要ならば，畦間または株間施用か，株数が少ない場合はスポット施肥がよい（49ページ図7-7を

図6-5　軟白のやり方

定植40～50日後，外葉で全体を包むようにヒモで縛る

夏季は10日～2週間ほど，早春と冬は3週間ほどでよい

参照）。1回の追肥量は，化成肥料（3要素成分各8～10%）なら30～50g/m²ほどとする。

エンダイブは軟白しないと食用には難しいので，収穫前に図6-5のようにする。

土壌を乾かさないように，必要に応じて灌水する。

雑草は早めに除去する。

5) 病害虫

菌核病，アブラムシ，ヨトウムシなどが発生することがあるので，適切な農薬や早期除去に努める。

6) 収　穫

地ぎわから切り取って収穫する。

■ 保存，栄養，利用

1) 保存法

必要に応じて収穫する。乾燥しやすいので，余ったものはすぐに湿らせた新聞紙やラップにくるんで冷蔵庫へ立てて入れる。

2) 栄養特性

ビタミンA（緑色部），B₁，Cやカリウム，カルシウム，鉄などのミネラル分が多く，食物繊維も含む（巻末附表を参照）。

便秘予防，血圧降下，美肌，むくみ解消に効果がある。

3) 調理・利用法

調理法の基本は，葉の苦味を味わうためには，切るのではなくちぎり，苦味を和らげるためには，サッと熱湯をくぐらせるとよい。とくに緑色部分に苦味を和らげる効果がある。

サラダ，肉料理などのつけ合わせ，煮物，炒め物など。

■ プランター栽培のポイント

図6-6の通りである。

図6-6 エンダイブのプランター栽培

- 深さは20cmほど
- 夏播きは、光の弱い木陰などからスタートする
- 用土（10ℓに、堆肥200gと苦土石灰10g、2週間以上後に化成肥料〈3要素成分各8〜10%〉なら15〜20gなど混入）
- 仕上がりの株間距離は、25cmほど

③水やり
④苗を植え
⑤土を寄せ、軽く鎮圧
②用土入れ
①スノコ状、小石など

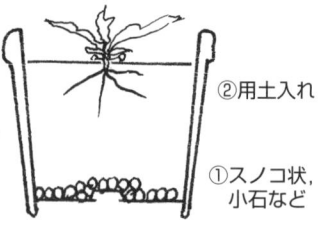

追肥は必要に応じて行なうが、やり方は、割りばしを使ったスポット追肥がよい（49ページ図7-7を参照）。1回の追肥量は、化成肥料（3要素成分各8〜10%）なら30〜50g/m²ほどとする。

灌水は、表面が乾き始めたら十分に行なう。ときどき、底面からの給水も行なう。

エンダイブのこと

●原産地，呼称など

原産地は東部地中海沿岸地方で、古代エジプトの時代から栽培されていた。日本には、江戸時代中期に伝わった。

キクチシャ、ニガチシャ、シコレ、アンディーブ、メリケンサラダなどと別称される。

学名は*Cichorium endivia* L.で、キク科ニガナ属のごく大型の一、二年性草本。

●トピックス

この野菜はサラダなどに最近人気が高まっている洋野菜の一種である。名前のエンダイブは英語であり、日本では一応これに統一されている。フランス語ではチコリという。

さて、紛らわしいのはここから。英語でチコリ、フランス語でアンディーブ（エンダイブ）といえば、「葉もの・茎もの類②27 チコリー」のことで、若い芽を食べる野菜。同じ記載の中に、両者がごちゃ混ぜになっていることがある。さらに学名、チコリウム・エンディビアが紛らわしさにいっそうの拍車をかけている。日頃、何とかならないかと思うものの1つである。

●野菜の品種改良と放射線利用

作物の品種改良には放射線が用いられている。

放射線や原子力，多くは悪者扱いで気の毒である。しかし，実は，野菜を含む品種改良に多くの貢献をしているのである。友人の永冨成紀博士（現（独）農業・食品産業技術総合研究機構，研究リーダー）の記述から紹介する。

放射線の品種改良への利用は，種子や作物の各部にいろいろな強さで放射線を照射して突然変異をおこし，これをうまく利用して新しい品種をつくり出す。これには放射線の中でもエックス線を含むガンマ線がもっとも有効で安全性も高いので，世界の利用の70%に用いられている。

わが国では，1960年に農水省が茨城県に放射線育種場を設置して以来，本格的に研究が開始された。その間に全国で育成された品種数は，イネの210，ダイズ23，オオムギ10，キク37，バラ8である（2005年現在）。育成された品種でよく知られているものに，コメの「レイメイ」「キヌヒカリ」「ミルキークイン」，ナシの「ゴールド二十世紀」，ゴボウの「ウインターフィールド」などなどがある。現在はまだあまり知られていないが，利用が急激に伸びつつあるものが少なくないという。

放射線育種場で1960～2001年に投じられた経費（建設，運営，研究など）は総額約76億円だが，その経済効果は大きく，累計で栽培面積は565万haで日本の全耕地面積の1.13倍，生産額はなんと約7兆円と計算されている（表6-1）。つまり，投資，運営効果が，現時点ですでに約1,000倍にも達している。農業研究にはこのようなことが多い。

表6-1 突然変異品種の効果

（永冨成紀，2004から）

種　類	栽培面積（ha）	生産額（億円）
イネ（うるち）	548万3,355	6兆7,725
（もち）	2万1,989	27
コムギ	8,190	47
オオムギ	1万5,794	74
ダイズ	11万9,121	178
ゴボウ	5,673	215
ナシ	2,284	102
合　計	565万6,406	6兆8,368

7 オカノリ【アオイ科】

[気象] 発芽，生育適温ともに15～25℃あたりで，冷涼な気候を好み，耐寒性もある。日照を好む。関東以西では越冬できる。
[土壌] pH6.5あたりがよい。土壌をあまり選ばないが，肥沃で排水の良い場所を好む。
[病害虫] 少ない。
[連作] 少ない。
[生育の特徴] 太い直根性で，移植向きではない。寒さに感応して花芽分化する。花期は春播きで7～10月であるが，短日性なので8月以降の播種では，幼植物時に花芽分化する。丈は2mほどになる。

■作期・作型，品種

　図7-1の通りである。基本的に作期は自在である。トンネルなどの利用で作期を拡大できる。

図7-1　作期・作型

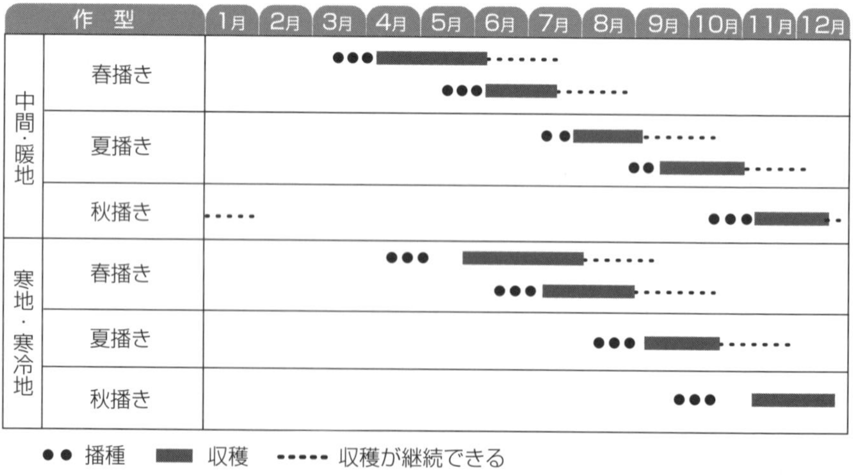

	作型	1月	2月	3月	4月	5月	6月	7月	8月	9月	10月	11月	12月
中間・暖地	春播き			●●	━━	━━	━━	‥‥					
						●●	━━	━━	‥‥				
	夏播き							●●	━━	‥‥			
									●●	━━	‥‥		
	秋播き	‥‥									●●	━━	．
寒地・寒冷地	春播き					●●	━━	‥‥					
							●●	━━	‥‥				
	夏播き								●●	━━	‥‥		
	秋播き									●●	━━		

●● 播種　━━ 収穫　‥‥ 収穫が継続できる

　オカノリ自体はフユアオイの変種で，品種の分化はほぼない。

■つくり方

1）畑の準備

図7-2の通りである。一連の作業は，施肥，定植の半月前に行ないたい。

図7-2　畑の整え方

作業手順
①場所をほとんど選ばない
②畑の整理（前作の残渣，雑草の根塊を整理）
③土改資材などの撒布（苦土石灰100〜150g，堆肥3kg/m²，その他に必用に応じてリン酸資材も入れる）
④資材を混入するように，全体を耕起する

耕起の深さは15cmほど

2）施肥，畦づくり，播種

肥料は全面全層施肥とし，図7-3の通りにする。多めに播種し，随時間引き株を利用する。

図7-3　施肥，畦づくり，播種

①肥料を全面に撒布し（化成肥料〈3要素成分各8〜10%〉なら，100〜150g/m²）
②15cm深さに耕起し
③右図の畦をつくり，土壌水分が足りなければ十分に灌水し
④播種溝（深さ1cm）をつくる
⑤播種，溝を隠す程度に覆土，板切れで軽く鎮圧

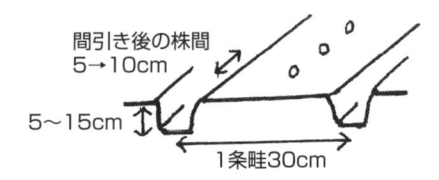

間引き後の株間 5→10cm
5〜15cm
1条畦30cm

3）追肥，管理

収穫の初期にはあまり追肥を必要としないが，チッソ分だけは切らさないようにする。摘心などにより側枝を活かして収穫を続ける場合には（図7-5），1ヵ月に1回ほどの追肥を行なう。方法は，畦間または株間施用か，株数が少ない場合はスポット施肥がよい（49ページ図7-7を参照）。1回の追肥量は，化成肥料（3要素成分各8〜10%）なら30g/m²ほどとする。

雑草は早めに除去する。

4) 病害虫

ハモグリバエがつくので，葉の中に潜り込んだ幼虫やさなぎを発見しだい押しつぶす（図7-4）。また，高温乾燥時にはダニ類が発生しやすい。いずれも初期段階の農薬散布が，効果的である。

図7-4　簡単な虫除き

a. 指先でハモグリバエ幼虫をつぶす

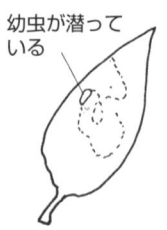

幼虫が潜っている

幼虫が潜り込んでいる葉を，そのまま両指ではさみ，指先でつぶす

b. アブラムシを指でつぶす

よく虫のつく場所

アブラムシは，生長点近くや新葉などでかたまって増えるので，発生初期にとる（指先でつぶす）

c. 水で流す

ダニ類は水に弱いので，ジョウロやハスロで水をかけて洗い流す

5) 収穫

播種後30～40日頃，葉数10～15枚（草丈20cmほど）で収穫ができる。節間が伸びてからの収穫は，葉の集合した頂部または葉を下位から順次摘み取り，側枝の生長を促して利用すると，長期にわたって多く収穫できる（図7-5a，b）。

図7-5a　摘心を利用し，分枝を活かしてたくさんとる

図7-5b　収穫した葉

■ 保存，栄養，利用

1）保存法

必要に応じて収穫する。余ったものは湿らせた新聞紙やラップにくるんで冷蔵庫へ入れる。また，小分けして冷凍庫へ。葉をそのまま乾燥させて，あとで焼いて利用してもよい。

2）栄養特性

ビタミン類やカルシウムなどのミネラル分が多く，食物繊維も含む。

漢方的には，利尿，むくみ解消，便秘予防解消などに効果がある。

3）調理・利用法

素材としての特徴は，ヌメリがあり，アクやクセがないこと。今後，調理法がたくさん出てきそうである。茎も柔らかい部分は同じように調理する。

天ぷら，炒め物，おひたし，和え物，サラダ，汁の実，肉料理などのつけ合わせ，煮物，炒め物，塩漬けなど。また乾かして海苔のように焼いて利用する。

図7-6a　オカノリのプランター栽培

■ プランター栽培のポイント

図7-6bの通りである。

追肥は必要に応じて行なうが，やり方は，割りばしを使ったスポット追肥がよい（49ページ図7-7を参照）。1回の追肥量は，化成肥料（3要素成分各8〜10％）なら30〜50g/m²ほどとする。

図7-6b　オカノリのプランター栽培

- 深さは15cm以上がよい
- 用土（10ℓに，堆肥300gと苦土石灰15g，2週間以上後に化成肥料〈3要素成分各8〜10％〉なら15〜20gなど混入）
- 最終株間距離は，10cmほど

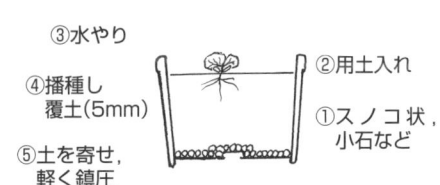

①スノコ状，小石など
②用土入れ
③水やり
④播種し覆土（5mm）
⑤土を寄せ，軽く鎮圧

オカノリ ● 47

灌水は，表面が乾き始めたら十分に行なう。ときどき，底面からの給水も行なう。

オカノリのこと

●原産地，呼称など

原産地は中国を中心とする亜熱帯アジア地域。

本家のフユアオイのわが国への渡来は古く，万葉集にも詠われているほどだが，オカノリは江戸時代に伝わってきたとされている。漢字では陸海苔と書く。畑（陸）でつくって，（乾燥させて）海苔のようにあぶって食べることに由来する。

学名は*Malva velticillata* L. で，アオイ科フユアオイ属の一年性草本。

●トピックス

ここでは，『家庭菜園全科』の共通技術であるスポット施肥について述べる。この方法は，筆者が北海道にいた昭和45年頃の仕事であったトウモロコシと家庭菜園のアスパラガス，昭和64年のニンジンでの試みで，これは！と思ったのが始まりである。

この方法は，基本的には，割りばしなどの棒状物で穴をあけ，底に肥料を流し込み，土でふたをするだけ。生育初期には株元に近いところで垂直に，また生育最盛期の場合には株と株の間や容器周辺，畑では畦の肩面に垂直か中心部に向けて斜めに施すなど，適宜工夫できる（図7-7a）。留意点は，効きすぎによる肥料やけを避けることで，そのためには，①高成分の肥料でなく，化成肥料なら「3要素成分各8～10%」レベルを利用する，②1つの穴に大量の肥料を投入しないこと，がポイントとなる。基本的には，液状肥料をインジェクターで注入する方法と同じなのであろう。

この方法がもつ特徴は，少なくとも，①効きが早く，通常の追肥方法ではほとんど効果の出ないリン酸が吸収されている可能性がある，②道具は割りばしか棒状の物だけでよく，方法がごく簡単である，③培土などによる根の切断がごく少ない，④穴を大きめにして，堆肥，油かすなどの有機質や土壌改良資材も施用できる，⑤締まった土壌に空気を送り込むことができる，などがある。

④のように，肥料の単純な施肥だけでなく，いくつかの資材を組み合わせた複雑な追肥もできる（図7-7b）。また⑤のように，土が硬くなって土壌空気が少ない状態になったときの対処法としても利用できる。

なお，容器栽培で苗が大きくなってからの作業でも，割りばしなどで，株から離れた数ヵ所に，5～10cm深さに穴をあけ，その中に数グラムの肥料を入れ，残りの穴を埋めて完了となり，早く高い効果が期待できる（図7-7c）。

図7-7a　スポット施肥のやり方

割りばしなど

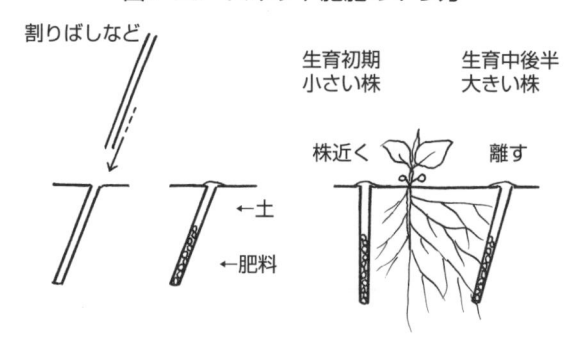

生育初期　　生育中後半
小さい株　　大きい株

株近く　　　離す

←土
←肥料

図7-7b　スポット施肥の工夫

油かすなど，吸水によって膨れる資材は，穴の半分にとどめる

堆肥，肥料など，いろいろに入れることができる。あらかじめ混合してもよい

石灰資材は単独ではよいが，ほかの資材と混ぜると，ガス化などをおこすので，やめる

土
油かす

土
肥料
土
堆肥

ガス
土
肥料
土
石灰資材

図7-7c　プランターの締まった土に穴あけ

たくさんの穴をあける

（スポット施肥の穴がわかりやすいよう石灰をまいてある。作物はキンジソウ）

8 オカヒジキ【アカザ科】

[気象] 発芽，生育適温ともに15〜25℃あたりで，寒さにやや弱い。暑さには強く日照を好むが，真夏日の栽培は葉の生長が劣り，硬くなりやすい。
[土壌] 酸性を嫌い，pH6.0〜8.0あたりがよい。塩分を多く含む砂地でもよく生育し，塩害を受けることはない。砂質がかった土壌がよい。
[病害虫] 少ない。
[連作] 少ない。
[生育の特徴] 短日植物で，花期は8〜10月。ほふく性の生長をしながら枝を出し，枝は直立ぎみになって柔らかい多肉葉をつける。夏季以降は，幼植物状態で花をつける。

■作期・作型，品種

図8-1の通りである。基本的に作期は自在である。トンネル，ハウスの利用により，さらに作期を拡大できる。オカヒジキ自体の特性解明や，それにもとづく技術研究によって，今後，多様な作期が生まれる可能性がある。

図8-1 作期・作型

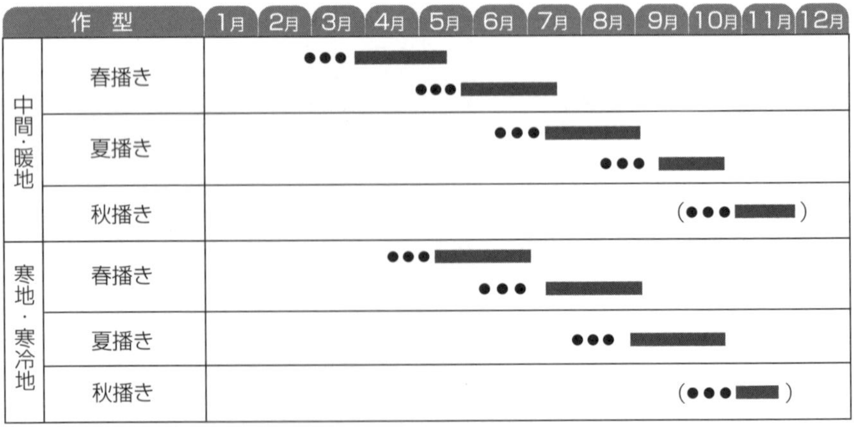

	作型	1月	2月	3月	4月	5月	6月	7月	8月	9月	10月	11月	12月
中間・暖地	春播き			●●━━━━		━━━							
						●●━━━━━━							
	夏播き						●●━━━━		━━━				
									●●━━━━		━━		
	秋播き									(●●━━━━)			
寒地・寒冷地	春播き					●●━━━━		━━━					
							●●━━━━		━━━				
	夏播き								●●━━━━		━━		
	秋播き									(●●━━━━)			

●● 播種　━━ 収穫　( )は，主に幼植物収穫

品種の分化はほぼない。

■つくり方

1）畑の準備

図8-2の通りである。一連の作業は，施肥，定植の半月前に行ないたい。

図8-2　畑の整え方

作業手順
①日当たりが良く，砂質がかった場所を選ぶ
②畑の整理（前作残渣，雑草の根塊を整理）
③土改資材などの撒布（苦土石灰100g，堆肥500g/m²，その他を入れる）
④資材を混入するように，全体を耕起する

耕起の深さは15cmほど

2）施肥，畦づくり，播種

育苗でもよいが，ここでは直播について述べる。

肥料は全面全層施肥とし，図8-3aの通りにする。多めに播いて，間引き菜を利用する。

図8-3　施肥・畦づくり，播種

①肥料を全面に撒布し（化成肥料〈3要素成分各8～10%〉なら，50～100g/m²）
②15cm深さに耕起し
③右図の畦をつくり，土壌水分が足りなければ十分に灌水し
④播種溝（深さ1cm）をつくる（散播でもよい）。自家採取したタネは，一晩水に浸け，それを冷蔵庫に10日間，入れておく
⑤播種，溝を隠す程度に覆土，板切れで軽く鎮圧

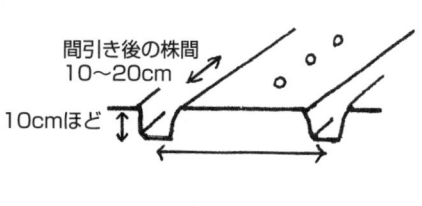

間引き後の株間 10～20cm
10cmほど
1条畦30cm

購入したタネはそのまま播いてよいが，自家採取のタネは，必ず休眠打破の処理をする（1日水に浸漬したものを冷蔵庫に10日ほど入れる）。

間引きは混みあわないように随時行ない，間引いた株は食卓へ。

3）追肥，管理

肥料が不足すると枝葉が硬くなりやすいので，収穫期には2週間ごとに追肥する。方法は，畦間または株間施用か，株数が少ない場合はスポット施肥

オカヒジキ●51

図8-4 発芽した状態　　図8-5 生育中，肥切れには注意する

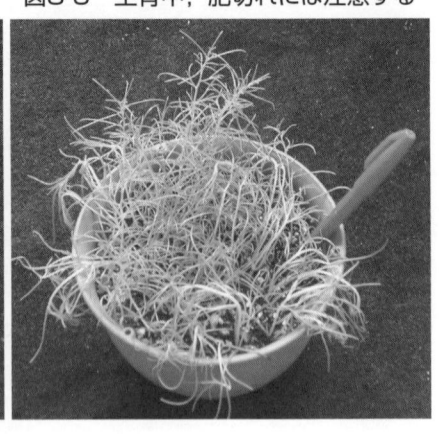

図8-6 収穫したオカヒジキ

がよい（49ページ図7-7を参照）。1回の追肥量は，化成肥料（3要素成分各8〜10％）なら30〜50g/m²ほどとする。

　高温・暑熱期は，遮光などで日差しを柔らかくするとよい。

　雑草は早めに除去する。

4）病害虫

ほぼない。

5）収　穫

　間引き収穫を経て，播種後30日ほどから，分岐した茎の柔らかい部分から折ってとる。このとき，次の分岐のために2〜3葉以上を残してとる。

　夏以降の播種では，花芽のない幼体を収穫する。

■保存，栄養，利用

1）保存法

　あまり日持ちしないので，必要に応じて収穫する。余ったものは湿らせた新聞紙やラップにくるんで冷蔵庫へ立てて入れる。固ゆでし，小分けして冷

凍庫へ入れると，長くもつ。

2) 栄養特性

ビタミンA，C，Kなど，またカリウム，カルシウム，鉄分などのミネラル分が多く含まれ，食物繊維もかなり含まれる（巻末附表を参照）。栄養的には，緑黄色野菜のトップクラスの実力がある。

血圧降下，骨組織の強化，ガンや動脈硬化の予防，風邪の抵抗力強化，精神安定などの効果がある。

3) 調理・利用法

素材としての特徴はアクのあることである。調理の基本はそれを抜くためにゆでるが，ゆですぎないで，シャキシャキ感を保つことがポイント。

サラダ，天ぷら，酢の物，おひたし，和え物（酢みそ，カラシ，ショウガ醤油など），刺身のツマ，汁の実，炒め物など。

■ プランター栽培のポイント

図8-7の通りである。

追肥は必要に応じて行なうが，やり方は，割りばしを使ったスポット追肥がよい（49ページ図7-7を参照）。1回の追肥量は，化成肥料（3要素成分各8～10%）なら30～50g/m²ほどとする。

灌水は，表面が乾き始めたら十分に行なう。ときどき底面からの給水も行なう。

図8-7 オカヒジキのプランター栽培

- 深さは10cm以上がよい
- 用土（10ℓに，堆肥300gと苦土石灰10～15g，2週間以上後に化成肥料〈3要素成分各8～10%〉なら15～20gなど混入）
- 間引きながら最終株間距離は10cmほどにする

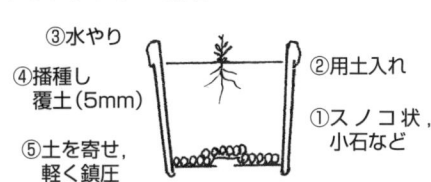

①スノコ状，小石など
②用土入れ
③水やり
④播種し覆土（5mm）
⑤土を寄せ，軽く鎮圧

オカヒジキのこと

●原産地，呼称など

アジア原産で，アジアからヨーロッパにかけて，わが国では北海道から沖縄に至る各地の海岸の砂地に自生している。現在の主産地は，内陸部の山形県の山形市や米沢市とその周辺に限られ，地域特産色の強い野菜。江戸時代の最上川は，酒田港と内陸部を結ぶ重要な交通路であり，これがオカヒジキの内陸への伝播にかかわったのであろうとされている。

漢字では陸鹿尾菜と書く。その由来は，陸で栽培したヒジキのような形をしたものだという。また，ミルナ，オカミルナとも呼ばれ，これは緑藻類のミルナ（海松）に似ていることに由来する。

学名は*Salsola komarovii* Iljinで，アカザ科オカヒジキ属の多肉性の一年性草本。塩性の海辺植物に属する。

ナトリウム含量が高いので，焼いて炭酸ソーダの原料として用いられたこともあったという。似たものに，西日本に自生，栽培される同じアカザ科のマツナがある。

●トピックス

①オカヒジキとヒジキ

オカヒジキは，ヒジキに似ていることからつけられた名前だが，栄養はどうだろうか。食品の栄養分をテレビなどで紹介されるときに，水分の多い生野菜は割を食うことが多いので，水分を同じレベルにしてみた（表8-1）。

なんと，さすがに鉄分と食物繊維はヒジキに譲らざるを得なかったが，ほかのミネラル分やビタミン類はほぼ圧倒的にオカヒジキが勝っていた。オカヒジキ，がんばれ！

②「新鮮」の意味

オカヒジキを含む野菜はもちろん，「食品の新鮮さ」という言葉がよく聞かれる。子どもの頃よく聞かされたことに，かつてヨーロッパの船員が長い航海の中で新鮮な野菜を摂れなかったためにビタミン欠乏で苦しんだという話もある。これはこれで，まあ正しいといえよう。

しかし，少し考える必要がある。1つは，収穫後4〜5日なり，10日ほど経ったものが，栄養的にどんどん劣っていくのだろうか。つまり，採ってすぐ食べないといけないかということである。これは，必ずしも正しくない。昨今よくいわれる"採りたての新鮮な栄養たっぷり""朝採りのおいしさいっぱい"などは，程度問題なのである。現在はあまりに盲信されている。たとえば，以下のようなことがある。

a. ジャガイモを含むほとんどの野菜は切断して一晩おくと，その切断面付近のビタミンCが多くなり，この点で栄養価はむしろ高くなる。

b. お米は水に一晩浸し，翌日炊くと，高血圧などに効果の高いギャバが増え，健康的なご飯ができる。これは，現在の（独）農業・食品産

業技術総合研究機構近畿中国四国農業研究センター（元中国農業試験場）の研究者グループが明らかにし，その後の幅広い研究を誘導し，いまや100億円を超える産業の基となった。

　c. 現在のスイートコーン，つまりスーパースイートコーン（またはシュランケン型）では，翌日から甘味が急激に低下することはなく，ほとんどは収穫後の数日は同じ甘さを保持している。

　d. 野菜や果物の多くは，収穫直後よりも数日からかなり日数の経ったもののほうが，おいしさ，甘さが勝る。

　e. 肉も魚も，ある程度日数の経ったものがアミノ酸が多く，また旨さ，甘さも増す。肉の専門家によると，とくに肉類は，極論すると腐る直前がいちばんおいしいという。

　f. 漬け物は，ある意味で"新鮮さ"を極端に否定したものであるが，タクアンやぬかみそ漬けなどは，有用菌の増殖効果のほかに糠のビタミンやミネラルが移行し，高栄養の食品になる。

表8-1　オカヒジキとヒジキの栄養比較（水分10％，100g当たり）

	たんぱく質(mg)	灰分(mg)	カリウム(mg)	カルシウム(mg)	マグネシウム(mg)	鉄分(mg)	亜鉛(mg)	ビタミンA (レチノールµg)	E(mg)	K(µg)	B₁(mg)	B₂(mg)	ナイアシン(mg)	葉酸(µg)	食物繊維(g)
オカヒジキ	11.2	14.9	4,743	1395	446	8.4	4.6	4,939	9.3	4,248	0.37	0.93	3.7	791	25.1
ヒジキ	7.7	13.4	3,212	1022	452	40.1	1.3	402	0.8	232	0.26	0.80	2.1	61	31.5

注）『五訂日本食品標準成分表』から算定

9 カラシナ 【アブラナ科】

[気象] 発芽,生育の適温はともに15～25℃あたりで,冷涼を好み,−2～3℃でも越冬する。また高温性もかなりある。乾燥には弱い。
[土壌] pHは6.0前後がよい。膨軟な保水力のある土壌を好む。
[病害虫] ごく少ない。
[連作] 連作害は少ないが,アブラナ科の跡地は避ける。
[生育の特徴] 直根性で根の発達がよい。好光性発芽である。花芽は長日条件で形成され,抽だいは高温長日で促進される。

■作期・作型,品種

葉カラシナの作期・作型は図9-1aの通りである。冬季はトンネルなどによって収穫期を延長できる。

なお,春の茎葉収穫をそのまま延長すると,抽だいし,開花結実するので,実ガラシとして採取・乾燥すれば,和ガラシの原料にできる。

図9-1a 作期・作型

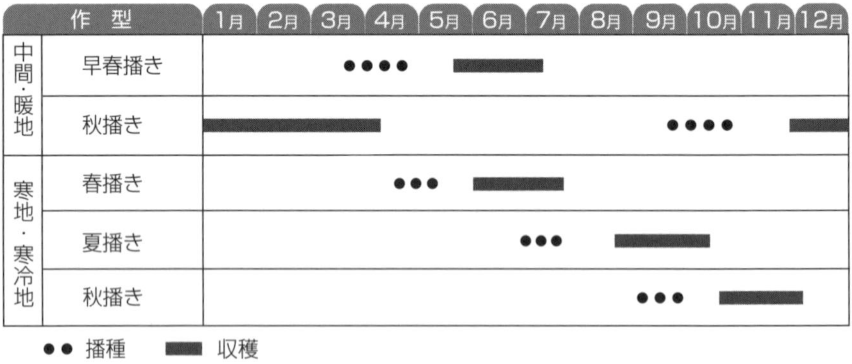

	作型	1月	2月	3月	4月	5月	6月	7月	8月	9月	10月	11月	12月
中間・暖地	早春播き				●●●●		━━━	━━━					
中間・暖地	秋播き	━━━	━━━	━━━						●●●●	━━━	━━━	━━━
寒地・寒冷地	春播き					●●●	━━━	━━━					
寒地・寒冷地	夏播き							●●●	━━━	━━━			
寒地・寒冷地	秋播き									●●●	━━━	━━━	

●● 播種　━━ 収穫

葉ガラシ系:茎葉を利用する。

黄ガラシ系:実ガラシを採り,カラシをつくるのに都合がよい。

セリフォン系(雪裡蕻または雪裡紅):「千筋葉がらし」の名で,わずかながら栽培されている。暑さにも強いが,とくに寒さに強い。

なお，漬け物のザーサイが人気を呼んで久しい。人気は高まるばかりだ。これは，カラシナの一種で同名のザーサイという野菜の茎の基部。中国四川省が特産だが，日本でもつくられ始めた。こぶ状に膨らんだ茎の部分を塩漬けにし，圧搾して脱水したものを食べる。圧搾するので，搾菜（ザーサイ）という。

図9-1b　塩漬けしたザーサイ

■つくり方

1）畑の準備

図9-2の通りである。作業は，播種の2週間前に行なう。

図9-2　畑の整え方

作業手順
①できるだけほかの作物の跡にする
②畑の整理（前作の残渣，雑草の根塊を整理）
③土改資材などの撒布（苦土石灰100g，堆肥1kg/m²，その他）
④資材を混入するように，全体を耕起する

耕起の深さは15cmほど

2）施肥，畦づくり，播種

肥料を全面にバラ播き，耕起し，畦づくりする。畦は2条以上の多条畦とする（図9-3a，b）。面積が大きくなる場合には，畦幅を適宜増やす。

播種は図9-3bのようにする。

セルトレイなどで育苗したものを植えてもよい。

4）間引き，追肥，管理

葉が込み合わないように間引きし，本葉5〜6枚時の仕上がりの株間が10cmほどになるようにする。間引きした株は浅漬けなどにする。なお，タカナと違い断根の影響が大きいので，間引きは引き抜きでなく，ハサミなど

図9-3a　施肥，畦づくり，播種

◎排水が良く，膨軟で，肥沃であれば，平畦の状態でよい
◎①肥料を全面に撒布し（化成肥料〈3要素成分各8～10%〉なら150～200g/m²）
　②15cm深さに耕起し
　③十分に灌水して，右図の畦をつくる

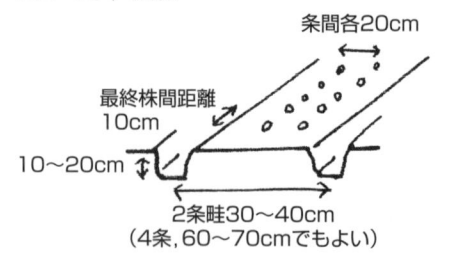

条間各20cm
最終株間距離 10cm
10～20cm
2条畦30～40cm
（4条，60～70cmでもよい）

図9-3b　播種のやり方

①タネ溝づくり
　板切れ（厚さ5mmほど）で0.5～1cm深さに溝をつける。散播でもよい

②播種，覆土，軽い鎮圧
　溝に2～3cm間隔で条種し，覆土する。その後，クワなどで，軽く鎮圧する

③最終の株間隔は，10cmほど

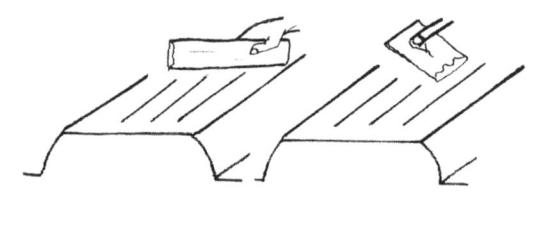

拡大（種子2～3倍の厚さに覆土）
タネ

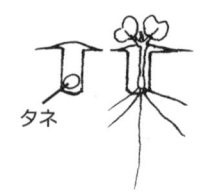

で地ぎわを切る。

　追肥は春播きでは必要ないが，秋播きの場合にはひと月ほどあとに畦の肩あたりに置き肥し，根を傷めないように作業する。1回の追肥量は，化成肥料（3要素成分各8～10%）なら30～50g/m²ほどとする。また，必要に応じトンネルをかける。

　雑草は随時手取りする。

5）病害虫

　アブラムシやコナガの発生することがある。必要に応じて，適正に農薬を散布する。

6）収　穫

　春播きは，葉が20～30cmほどになったら株全体の収穫を終える。

　秋播きでは，間引き後，20cmほど生長したら下位葉から葉をかき取っていくが，蕾が見え始めたら株全体を収穫する。

　なお，蕾状態の抽だいもおいしい。実ガラシ収穫には，開花結実したものを収穫する。

■ 保存，栄養，利用

1）保存法

　利用に合わせて収穫する。余ったものは，新聞紙などでゆるく巻き，それをポリ袋で密封し冷蔵庫に入れる。また，冷凍庫では長期保存ができる。

2）栄養特性

　ビタミンA，C，K，葉酸，カルシウム，カリウム，リン，鉄分に富む（巻末附表を参照）。

　葉の辛味成分であるシニグリンは，40℃ほどでは酵素の作用でイソチオシアネートになって辛くなる。このイソチオシアネートは，殺菌，血液サラサラ，去痰，鎮痛などの効果があるとされる。

3）調理・利用法

　おひたし，サラダ，汁物，炒め物，漬け物などに利用される。

　揉んだりお湯をかけると辛味や風味が出るので，前菜や各種料理のつけ合わせには，これを利用する。

■ プランター栽培のポイント

　図9-4の通りで，日当たりの良い場所がよい。

　バラ播きし，葉が重ならないようにハサミなどで地ぎわから間引きし，利用していく。

　追肥は，状況によって月に1度ほど行なう。やり方は，畦間または株間施用か，スポット施肥とし（49ページ図7-7を参照），1回の追肥量は，化成肥料（3要素成分各8～10％）なら30～50g/m^{2}ほどとする。

　灌水は，表面が乾き始めたら十分に行なう。ときどき，底面からの給水も

行なう。

　日射や温度の高いところがよい。

図9-4　カラシナのプランター栽培

- 深さは，15～20cmでよい
- 用土（10ℓに，堆肥300gと苦土石灰10g，2週間以上後に化成肥料〈3要素成分各8～10%〉なら15～20gなど混入）
- 株間距離は5～10cmほどにする

③水やり
④播種し，覆土（5～10mm）
⑤軽く鎮圧
②用土を入れる
①スノコ状，小石など

図9-5　健苗のポイント

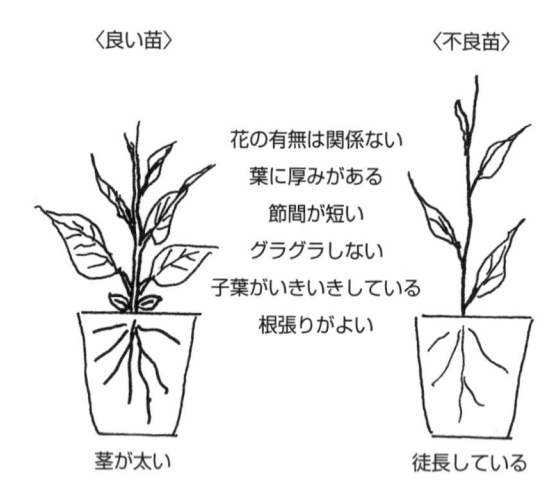

〈良い苗〉　　　　　　　　〈不良苗〉

花の有無は関係ない
葉に厚みがある
節間が短い
グラグラしない
子葉がいきいきしている
根張りがよい

茎が太い　　　　　　　　徒長している

○野菜の植付けで大事なのは，まずは良い苗を選ぶことである。そのポイントは，図のようにがっちりした苗である

カラシナのこと

●原産地，呼称など

原産地は中央アジアとする説が有力。紀元前ごろ中国の四川，雲南地方に伝わり，分化してきた。わが国には，9世紀末（平安時代半ば）にはすでに中国から渡来していたといわれ，江戸時代半ばには葉ガラシやタカナ類が定着したとみられている。現在，アメリカ大陸経由のものが山野や河川敷に群生しているのが見られる（図9-6）。

カラシナの名は「辛い菜」に由来するが，漢名の芥（がい）は「汗をだし，気を散らし，云々」の意味があるという。わが国では，古くは「加良之」（からしな）と呼ばれた。

学名は $Brassica\ juncea$ L.で，アブラナ科アブラナ属の二年草。

●トピックス

カラシナのタネからは，ワサビと並んで日本料理に欠かせない練りなどの「カラシ」がとれる。このカラシには，以下の3つがある。なお，日本で使われている辛子のほとんどはカナダから輸入している。

和ガラシ：オリエンタルマスタードという。アブラナ属のカラシナ（西洋カラシナともいう）の黄褐色のタネからつくる。辛味の主成分はシナルピン。茎葉は野菜として利用される。タカナは，カラシナの変種で茎葉を漬け物などに利用する。

白ガラシ：洋ガラシ（マスタード）の1つ。シロガラシ属の黄色〜黄褐色のタネからつくる。辛みの主成分はシナルピン。

黒ガラシ：洋ガラシ（マスタード）の1つ。アブラナ属の芥藍（チャイニーズケール）の赤褐色のタネからつくる。辛味の主成分はシニグリン。ほろ苦い蕾と茎を食用に，とくに芽芯は重用される。

ほかの香辛料と違って，いずれのカラシもそのままでは刺激性がないが，水を加えるとミロシナーゼという酵素が働いて分解し，辛味と香りを出すのが特徴。

図9-6 荒川河岸で野生化したカラシナ

10 カリフラワー【アブラナ科】

[気象] 発芽および生育適温は15～20℃ほどで，冷涼と直射を好む。
[土壌] pHは5.5～6.5あたりがよく，排水・保水が良く，有機質に富む肥沃な土壌を好む。多湿を好む。
[病害虫] キャベツと同じような病害虫が発生する。とくに，アブラナ科共通の根こぶ病が発生しやすい。
[連作] 連作害は少ないが，根こぶ病が発生した跡地にはつくらない。
[生育の特徴] タネは光好性発芽。花蕾の分化は，緑色植物の低温感応型。花蕾を形成する条件は品種によって大きく異なる。花蕾形成と良好な生育には，早生品種では本葉5～7枚以降に17～20℃・20日ほどを要する。日長は関与しない。

■作期・作型，品種

基本的には，図10-1の通りである。夏播きがつくりやすい。

図10-1 作期・作型

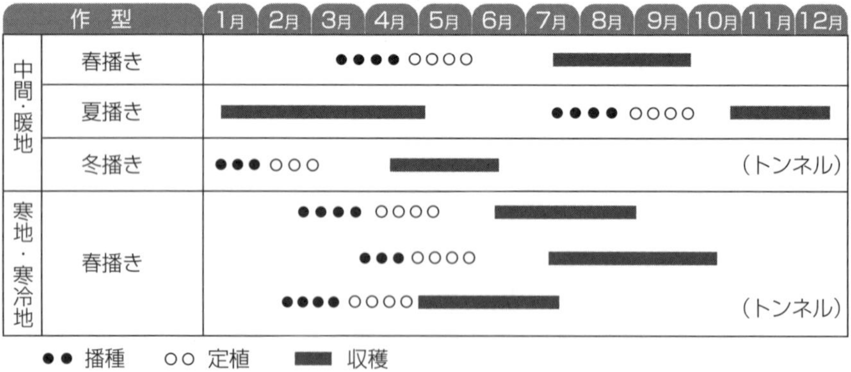

	作型	1月	2月	3月	4月	5月	6月	7月	8月	9月	10月	11月	12月
中間・暖地	春播き			●●●●	○○○○			▬▬▬▬▬▬▬▬▬▬					
	夏播き	▬▬▬▬▬▬▬▬▬▬▬▬▬▬▬▬▬						●●●●	○○○○		▬▬▬▬▬▬		
	冬播き		●●●○○○		▬▬▬▬▬▬						(トンネル)		
寒地・寒冷地	春播き			●●●● ○○○○				▬▬▬▬▬▬▬▬					
				●●● ○○○○				▬▬▬▬▬▬▬▬▬▬					
				●●●● ○○○○							(トンネル)		

●● 播種　○○ 定植　▬▬ 収穫

品種の早晩性による作期の差が大きいので，品種選定は袋に記載されている作期をよく見ることが大事。

■つくり方

1）畑の準備

図10-2の通りである。夏播きがつくりやすい。

一連の作業は定植の半月前までに行ないたい。

図10-2　畑の整え方

作業手順
① 輪作が望ましい
② 畑の整理（前作の残渣，雑草の根塊を整理）
③ 土改資材などの撒布（苦土石灰100〜150g，堆肥2〜3kg/m²，そのほか必用に応じてリン酸資材も入れる）
④ 資材を混入するように，全体を耕起する

耕起の深さは20〜30cmほど

2）播種・育苗

直播でもよいが，育苗・移植がよい。

雨ざらしや雨滴の跳ね返りを避けること，発芽後は乾燥ぎみにする。

図10-3a　育苗の仕方

① 必要な苗数に見合う容器に用土（肥料，堆肥などを混入済み）を入れ，十分に灌水する

② 播種し，5mmほど浅く覆土し，発芽まで覆いをする

③ 発芽後，覆いをとり，必要に応じて灌水する（表面または底面から）

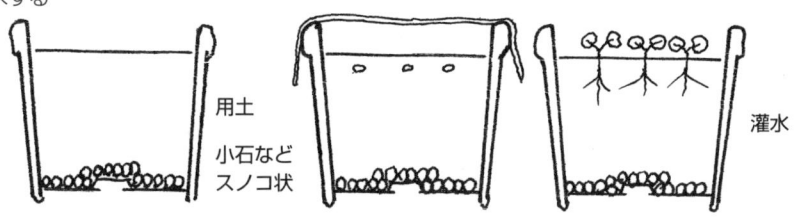

用土
小石などスノコ状
灌水

- 夏の育苗は寒冷紗などで遮光，春の育苗はトンネルなどで保温する
- 用土の資材配合（用土10ℓ，堆肥200，苦土石灰10gを混入）。半月後の播種前に，化成肥料〈3要素成分各8〜10%〉なら10gを混入）

図10-3b　移植準備

方法A
①本葉2枚ほどで間引く（株間距離，10cmほど）
②5枚（早生）～8枚（中生）で移植前の土切りを行なう
③数日後に畑へ定植

方法B
①本葉2枚ほどで，鉢（10cmほど）に移植する
②5枚（早生）～8枚（中生）で，畑へ定植

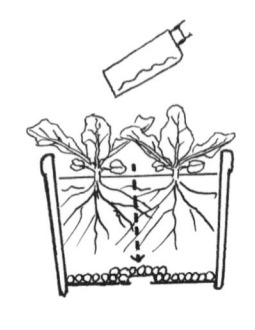

3）施肥，畦づくり，植付け

通常は全面全層施肥し，反転耕起して肥料を鋤き込み，畦をつくる（図10-4）。

図10-4　施肥，畦づくり，植付け

①肥料を全面に撒布し（化成肥料〈3要素成分各8～10%〉なら100g／m²）
②20cm深さに耕起し
③右図の畦をつくり
④植え穴を掘り，定植する

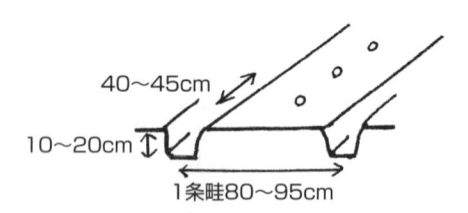

40～45cm
10～20cm
1条畦80～95cm

キャベツやハクサイと同じように，畦幅や株間距離が広いものでは，施肥効率の高い溝底施肥を工夫したい。

4）追肥，管理

追肥は必要に応じて行なうが，通常，定植後2～3週間目（生育旺盛のし始め）と4～5週間目（着蕾初め）に軽い中耕培土をかねて行ない，隣り合う株の外葉が接する前に終了する。追肥量は，化成肥料（3要素成分各8～10%）

なら50〜80g/m²である。やり方は畦間または株間施用か，小面積の場合はスポット施肥（49ページ図7-7を参照）がよい。

雑草は随時手取りする。

乾燥すると生育が停滞するだけでなく石灰欠乏症が出やすくなるので，灌水する。

6）病害虫

根こぶ病防止のための輪作がもっとも大事である。また苗立枯れ病防止のための土壌消毒，軟腐病などの防止のため，中耕など作業で茎葉を損傷させないことが重要である。

キャベツと同様に虫はつきやすく，とくにアオムシ，コナガ，ヨトウムシ類などは，早期発見と捕殺に努める。その他，必要に応じて防虫ネットなどを利用する。

適切に農薬を利用する。

7）花蕾管理

着蕾条件には，すでに述べた苗の大きさと，低温およびその遭遇期間がある。その後の花蕾の仕上がりには，以下が重要である。

花蕾の大きさ：茎の太さに関係するので，茎の太い丈夫な苗を育てる。

異常花蕾の発生：生育適温10〜20℃からはずれると発生する。花蕾分化時の高温では花蕾にさし葉（小葉）が混じったり，その後の高温は花蕾表面がざらついたり変色したりする。低温では，花蕾表面が粒々状になったり，凍害が生じ，変色したりする。

花蕾の仕上げ法（軟白）：花蕾をそのままにしておくと，害虫の侵入，日射による花蕾の変色，ゴミ汚染が発生するので，花蕾の仕上げ作業が必要である。作業は，花蕾の直径が3〜5cmほどのときに外葉を覆って軽く縛るか（図6-5を参照），簡便法として外葉を2〜3枚をかき取ってのせる。通常，この作業から3〜4週間で収穫適期になる。

8）収　穫

通常，花蕾が12〜15cmぐらいになったら，収穫適期である。収穫は外葉を数枚つけて切り取る。収穫が遅れると，花器が形成されることがあるが，

図10-5　収穫したカリフラワー

それに至らないまでも花蕾のゆるみと隙間が発生したり花蕾表面ででこぼこになる。

■ 保存，栄養，利用

1）保存法

低温下での貯蔵性が高いが，高温下での品質低下は早い。収穫後，すばやく冷涼な場所に移す。冬季にはそのまま新聞紙などにくるんで，冷暗所に置く。

2）栄養特性

全体的に，栄養価の高い部類に入る。ビタミンA，B_2，Cやカルシウム，カリウム含量が多い。食物繊維も含まれる（巻末附表を参照）。したがって，皮膚の活性化，疲労回復，風邪の予防，ガン予防，血圧降下などの効果が期待されている。

3）調理・利用法

茎部も利用したい。なお，根は食用にできない。

調理上で重要なのは，できるだけ早くゆでることと，短時間で塩ゆでし，湯からあげてそのまま冷やすことである。水にはさらさない。

サラダ，ピクルス，シチュー，炒め物，各種料理の添え物に用いる。

■ プランター栽培のポイント

プランター栽培のしづらい野菜であり，容器は大きいことが望ましい（図10-6）。

追肥重点にならざるを得ないので，生育中の2週間ごとにスポット追肥を行なう（49ページ図7-7を参照）。1回の追肥量は，化成肥料（3要素成分各8〜10%）なら50〜100g/m^2ほどとする。

土壌は乾燥させないように，灌水に留意する。ときどき，底面からの給水も行なう。

図10-6　カリフラワーのプランター栽培

- 深さは，30cm以上とする。1本植えの場合は，直径30cmほどでよい
- 購入苗などを使う
- 用土（10ℓに，堆肥200gと苦土石灰10g，2週間以上後に化成肥料〈3要素成分各8〜10%〉なら20〜30gなど混入）
- 株間距離は，40cmほど

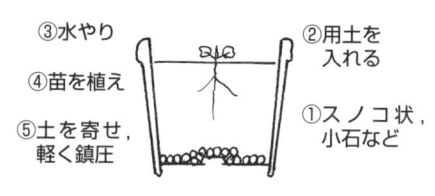

①スノコ状，小石など
②用土を入れる
③水やり
④苗を植え
⑤土を寄せ，軽く鎮圧

カリフラワーのこと

●原産地，呼称など

原産地は南ヨーロッパ。キャベツの変種である。小アジアでは2,500年も前から知られ，エジプトでは紀元前4世紀には栽培されていた。わが国には，明治時代の初期に渡来したが，広く知られるようになったのは第二次世界大戦後しばらくしてからである。

カリフラワーの"カリ"は，ラテン語で茎，中空，軸を意味する。

学名は *Brassica oleracea* L. var. *botrytis* L.で，アブラナ科の一〜二年草。

●トピックス

「食べたら苦かった，農薬がついているのではないか」という質問を受けたことがある。

カリフラワーは収穫が大幅に遅れたり，収穫後時間がしばらく経過したりすると老化が進む。この老化に伴って，とくに茎の部分にはチオシアン酸塩という物質が形成され，これが苦味になっている。これは，ブロッコリーなどカラシ油を含有するアブラナ科野菜が多かれ少なかれもつ特徴で，カラシ油の分解後にチオシアン酸塩などが残って強い苦味が出るのである。

食べても問題にはならない。

11 キク 【キク科】

[気象] 生育適温は7～18℃ほどで，耐寒性に富む。25℃以上の高温に弱い。宿根は寒地でも越冬できるが，地上部は霜に弱い。日照を好む。
[土壌] pHは5.5～6.5あたりがよく，排水・保水が良く，有機質に富む肥沃な土壌を好む。乾燥に弱い。
[病害虫] 多くはないが，発生する。
[連作] 連作害は著しく生育量が少なくなることに象徴される。3年はあける。
[生育の特徴] 通常，短日下で花芽が分化し，開花には7℃以上が必要とされる。品種間の差が大きい。

■作期・作型，品種

基本的には，図11-1の通りである。

図11-1 作期・作型

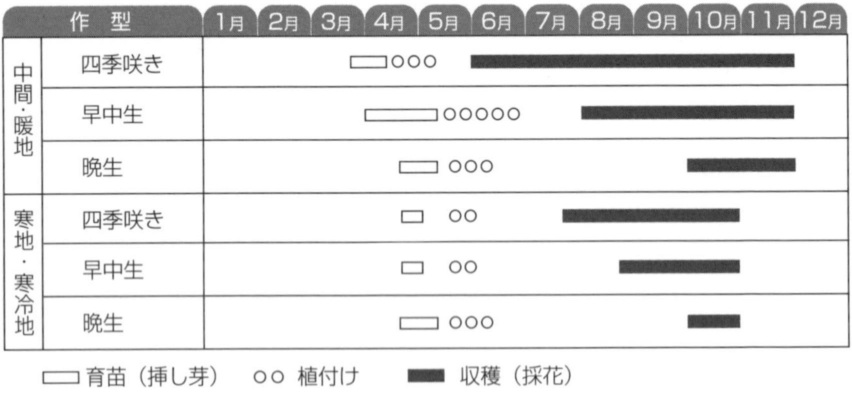

	作型	1月	2月	3月	4月	5月	6月	7月	8月	9月	10月	11月	12月
中間・暖地	四季咲き			□	○○○		■■■■■■■■■■■						
	早中生				□	○○○○○			■■■■■■■■				
	晩生					□	○○○				■■■■■		
寒地・寒冷地	四季咲き					□	○○		■■■■■■■■				
	早中生					□	○○			■■■■■■			
	晩生					□	○○○			■■■■			

□ 育苗（挿し芽）　○○ 植付け　■ 収穫（採花）

通常，「阿房宮」や「延命楽」など秋咲きの大輪品種を用いるが，早生・中生，四季咲きなど，実用的な品種数は80を超え，これにハウスや遮光・電照管理などを組み合わせることによって，周年採花が実現している。

■つくり方

1）畑の準備

図11-2の通りである。一連の作業は定植の半月ほど前までに行ないたい。

図11-2　畑の整え方

作業手順
①輪作が望ましい
②畑の整理（前作の残渣，雑草の根塊を整理）
③土改資材などの撒布（苦土石灰100g，堆肥2～3kg/m²，そのほかに必用に応じてリン酸資材も入れる）
④資材を混入するように，全体を耕起する

耕起の深さは15cmほど

2）育苗

挿し芽か，株分けがよい。

挿し芽は，4月末～6月下旬に行なう（図11-3a, b）。なお，夏ギクの場合は，夏に株を地ぎわの上の数センチを残して刈り取り，その後に出たわき芽を挿し穂とする。

株分けしたものを，そのまま定植してもよい。

図11-3a　発根した苗

図11-3b　秋咲きの挿し芽の仕方

①挿し穂の準備
　収穫後の健康な株を選び越冬させ，春の萌芽生長後，本葉3～4枚をつけて，下部を斜めに切る

②挿し穂の発根と生長
　挿し床をつくり（排水の良い砂地かバーミキュライトなど），水揚げした穂を挿し芽する（3～5cm間隔）

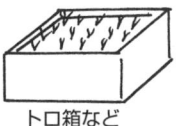

トロ箱など

③管理と仕上がり
　遮光し，7日間ほどそのままにし，以後は土壌表面が乾いたら十分に灌水する。2～3週間ほどで発根し，4～5週間で仕上がる

キク●69

いずれにしても，病害のない健康な株を用いることがポイント。

3）施肥，畦づくり，植付け

通常は全面全層施肥し，反転耕起して肥料を鋤き込み，畦をつくる（図11-4）。

図11-4　施肥，畦づくり，定植

①肥料を全面に撒布し（化成肥料〈3要素成分各8〜10%〉なら，100g／m²）
②10cmほどの深さに耕起し
③右図の畦をつくり
④植え穴を掘り，定植する

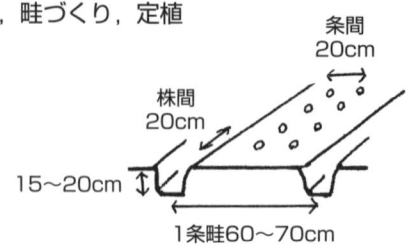

条間 20cm
株間 20cm
15〜20cm
1条畦60〜70cm

4）追肥，管理

追肥は必要に応じて行なうが，通常，月に1〜2回ほど軽い中耕培土をかねて行なう。追肥量は，化成肥料（3要素成分各8〜10%）なら，20〜30g/m²である。やり方は畦間または株間施用か（12　キャベツを参照），小面積の場合はスポット施肥（49ページ図7-7を参照）がよい。

摘心は，定植10日〜2週間後と，その後わき芽が10〜15cmに伸びたときに行なう。これが遅れると徒長ぎみの生育になる。なお，遅れて株元から出る芽はすぐにかき取る。

支柱立ては，丈が30cmほどに達したら，倒伏防止のために行なう。

6）病害虫

ウイルス病，黒斑病などの病気やダニ，カミキリムシ，アブラムシなどが発生する。とくに，アブラムシはウイルスを媒介する。早期捕殺など対策が必要で，農薬は適正に使用する。

7）収　穫

満開になった花を摘み取っていく。

加工する場合，作業をその日のうちに終える必要があるので，収穫は晴天日に行なう。

■ 保存，栄養，利用

1) 保存法

　少量なら新聞紙などにくるんで冷蔵庫へ入れると数日はもつ。ゆでるか蒸したあと，小分けして冷凍してもよい。

　長期の場合は，干しギク（または菊ノリ，蒸しギク）にする。その基本的な方法は，花を一つひとつ摘む → 花弁をゴミが入らないようにむしり取る → 蒸籠に入れて1分ほど蒸す（熱湯でサッとゆでてもよい） → 十分に水分を切る → むしろなどに広げて乾かす（天日または火力），である。

2) 栄養特性

　各種成分が含まれるものの特別に目立つものはない。ビタミンB類，カリウム，植物繊維などがやや多く含まれる（巻末附表を参照）。しかし，多く含まれるアントシアンやクロロゲン酸には抗酸化作用が，また香り成分のテルペンには，精神安定効果があるとされる。

　漢方的には，コレステロール低下，解毒，解熱，利尿，消炎，末梢血管拡張などの作用があるので，糖尿病，動脈硬化，風邪，咳，疲れ目，高血圧，心臓病の改善などに効果があるという。

3) 調理・利用法

　通常，ゆでるときは，酢を垂らした熱湯でサッとゆでる。

　おひたし，和え物，酢の物，天ぷら，刺身のツマ，キク茶，甘酢漬けなどの漬け物類などに用いられる。

　基本的には，キクは品種や部位を問わず，食べられる。要は，調理法の工夫である。

■ プランター栽培のポイント

　図11-5のようにする。

　生育中の2週間ごとにスポット追肥を行なう（49ページ図7-7を参照）。1回の追肥量は，化成肥料（3要素成分各8～10%）なら30～50g/m^2ほどとする。

　土壌は乾燥させないように，灌水に留意する。ときどき，底面からの給水も行なう。

図11-5　キクのプランター栽培

- 深さは，20cmほどとする
- 購入苗などを使う
- 用土（10ℓに，堆肥200gと苦土石灰10g，2週間以上後に化成肥料〈3要素成分各8〜10%〉なら10gなどを混入）
- 株間距離は，15〜20cmほど
- 支柱立てを忘れない

③水やり
④苗を植え
⑤土を寄せ，軽く鎮圧
②用土を入れる
①スノコ状，小石など

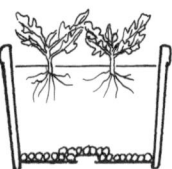

図11-6　野原でよく見るタンポポも少しは遠い縁にはなるが同じキク科の植物

（與語靖洋撮影）

ヨーロッパでは古くから野菜や薬草として扱われ，近年は日本でも野で摘んでよく食べられている。また根はよく洗って乾燥し，タンポポコーヒーに利用される

キクのこと

●**原産地，呼称など**

原産地は中国。中国での初めの利用は食用だったらしい。日本には奈良時代初期に薬草として伝えられた。その後，観賞用としてもいくたびか導入され，また品種改良も行なわれた。その中で，食用として用いられ始めたのは江戸時代の京都においてらしく，苦味が少なく，わずかながら甘味もあり，香りのよいものが利用された。その後，品種改良も行なわれるようになる。たとえば，現代も代表品種である黄色の「阿房宮」は，今から150年ほど前，中国から伝わった「黄宝珠」という品種の実生からできたといわれている。現在，農林登録された品種は700を超え，80に及ぶ品種がつくられているが，その中には，今後が楽しみな品種もいくつかある。

もう1つの代表品種，淡い紫色の「延命楽」は「もってのほか」（天皇の紋章を食べるとはもってのほかの意），「おもいのほか」（思ったよりもおいしいの意），「かきのもと」（柿の木の下に植えられ同じ頃に食べられる，の意）と別称される。

学名は*Chrysanthemum moriforiumu L.*で，キク科の宿根草。

●**トピックス**

中国では梅，竹，蘭，菊を"四君子"といい，その中の菊は翁草，千代見草，齢草などと呼び，不老長寿の霊草とされた。また，陰暦の9月9日は奇数のもっとも大きな数字が重なるめでたい日として「重陽（ちょうよう）」と言い，菊酒を飲んで，長寿の祈りとお祝いをするのが習わしであった。

これらが日本に伝わって，平安時代には宮中行事の「重陽の宴」となり，それが幾度かの変遷を経て，のちに士族や庶民にも広まるようになった。宮中で開かれる「重陽の宴」は，別名「菊の節句」ともいわれ，菊の花弁を浮かべた菊酒を飲んで，長寿を願いお祝いをした。また，江戸時代には五節句の1つに定められたが，明治以後は祝祭日からはずされた。しかしその名残は秋の茶会の趣向などに残っている。

12 キャベツ 【アブラナ科】

[気象] 生育および結球適温は15〜20℃ほどで，冷涼を好み，耐寒性はごく強い。−10℃近くまで耐える。暑さに弱く23℃で生育が遅れ，28℃では生育を停止する。

[土壌] pHは5.5〜7.0がよく，排水・保水が良く，有機質に富む，肥沃な土壌を好む。湿害には弱い。

[病害虫] 病害虫，とくに害虫の発生が多い。

[連作] 連作害は少ないが，1〜2年あける。アブラナ科共通の根こぶ病が発生しやすい。

[生育の特徴] 生育期間が長い。抽だいは苗期間の低温によって感応するが，苗の大きさ（本葉3〜15枚以上）や温度（5〜13℃）など，品種による差が大きい。

■ 作期・作型，品種

基本的には，図12-1aの通りであり，これにマルチ・トンネル，ハウスなどを加えると，ほぼ周年栽培が可能である。

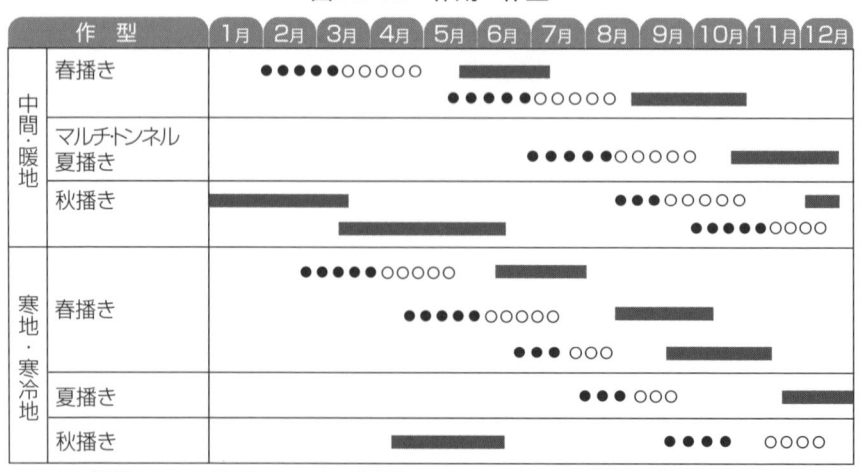

図12-1a 作期・作型

	作型	1月	2月	3月	4月	5月	6月	7月	8月	9月	10月	11月	12月
中間・暖地	春播き		●●●●○○○○			━━━━							
					●●●●○○○○			━━━━					
	マルチ・トンネル夏播き						●●●●○○○○			━━━━			
	秋播き	━━━━━━							●●●○○○○			━━	
			━━━━━━							●●●●○○○○			
寒地・寒冷地	春播き			●●●●○○○○			━━━━						
					●●●●○○○○			━━━━					
						●●●○○○		━━━━					
	夏播き							●●●○○○					
	秋播き				━━━━				●●●●	○○○○			

●● 播種　○○ 定植　━━ 収穫

100を超える品種がある。これらは，以下のように区分されている（図12-1b）。

寒玉：夏に播種して，秋から翌早春にかけて収穫する扁平型の硬い玉。冬キャベツともいう。煮くずれしないので，煮物，ロールキャベツ，炒め物に向く。

春玉：秋冬に播種して，春から夏にかけて収穫する丸型の緩やかな締まりの玉。新キャベツともいう。全体に緑色がかって，みずみずしい甘味があるので，サラダなどの生食，浅漬け，炒め物に向く。

丸玉：つやのある締まった丸型の小玉。グリーンボールともいう。寒さに弱いので，冬の出荷はない。寒玉と春玉のよいところを併せもつ調理万能型。

紫キャベツ：文字通り紫色で小型の玉。赤キャベツともいう。紫色はアントシアニンによるもので，色素を利用したサラダや酢漬けなどに用いられるほか，清涼飲料水，ガム，練りあんなどにも用いられる。

ちりめん（縮緬）キャベツ：葉がハクサイのようにちりめん状になっている（図12-1c）。もともとはサボイキャベツという。甘味があり，さくさくす

図12-1b　品種の区分

| 寒玉 | 春玉 普通キャベツ | 丸玉 | 紫キャベツ （赤キャベツ） | ちりめんキャベツ （サボイキャベツ） |

図12-1c　ちりめんキャベツ

外葉も内部の葉もちりめん状である

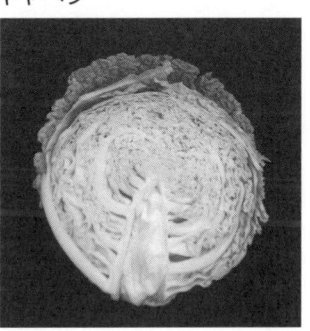

るのでサラダに最適。煮くずれしないので，煮込みやスープにも向く。縮れによる弾力性と輸送性の高いのも特徴。

それぞれは，作期作型に対応した選定が必要であり，タネ袋の記載を守る。

■つくり方

1）畑の準備

図12-2の通りである。食味のよい高品質のものをつくるため堆肥は多めにしたい。これらの作業は，播種の半月前に行ないたい。

図12-2　畑の整え方

作業手順
①輪作が望ましい
②畑の整理（前作の残渣，雑草の根塊を整理）
③土改資材などの撒布（苦土石灰100～150g，堆肥2～3kg/m²，そのほかに必用に応じてリン酸資材も入れる）
④資材を混入するように，全体を耕起する

耕起の深さは15cmほど

2）播種・育苗

直播でもよいが，タネの節約，管理のしやすさなどから育苗し，移植する（図12-3a，b）。

雨ざらしや雨滴の跳ね返りを避けること，発芽後は乾燥ぎみにし，また間引きは一貫して苗同士が接触しないように適時に行なって，風通しを良くする。

苗を購入するときは草丈の長さでなく，茎が太く葉が生き生きし，グラグラ動かないものを選ぶ。

3）施肥，畦づくり，植付け

通常は全面全層施肥し，反転耕起して肥料を鋤き込み，畦をつくる。滞水を嫌うので畦をつくる。排水不良地では高畦とする（図12-4）。

キャベツに限らず，ハクサイ，メキャベツ，タカナ，ケールなど，畦幅や株間距離が広いものでは，施肥効率の高い溝底施肥を工夫したい。

図12-3a　育苗の仕方

①必要な苗数に見合う容器に用土（肥料，堆肥などを混入済み）を入れ，十分に灌水する

②播種し，5mmほどの浅い覆土をし，発芽まで覆いをする

③発芽後，覆いをとり，必要に応じて灌水する（表面または底面から）

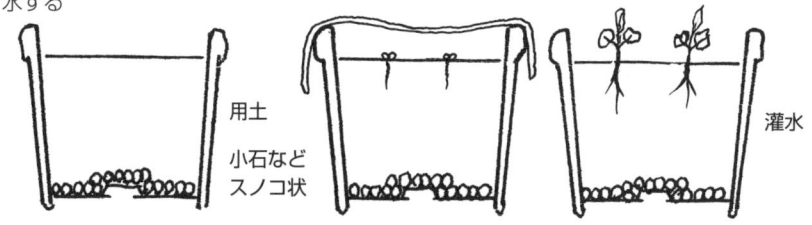

●用土の資材配合（用土10ℓ，堆肥200，苦土石灰10gを混入。
半月後の播種前に，さらに化成肥料〈3要素成分各8～10%〉なら10gを混入）

図12-3b　移植準備

方法A
①本葉2～3葉で間引く
②5～6葉で移植前の土切りを行なう
③数日後に畑へ定植

方法B
①本葉2～3葉で，鉢（10cmほど）に移植する
②5～6葉で，畑へ定植

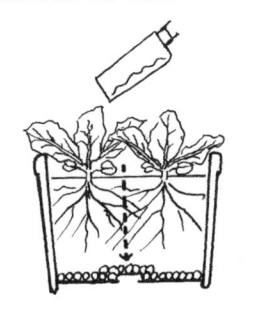

図12-4　施肥，畦づくり，定植

①肥料を全面に撒布し（化成肥料〈3要素成分各8～10%〉なら，100g/m²）
②20cm深さに耕起し
③右図の畦をつくり
④植え穴を掘り，定植する

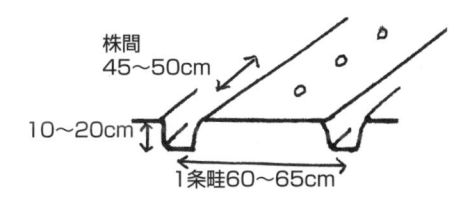

株間 45～50cm
10～20cm
1条畦60～65cm

キャベツ

4) 追肥, 管理

追肥は必要に応じて行なうが, 通常, 植付け後2〜3週間目と5〜6週間目に軽い中耕培土をかねて行ない, 隣り合う株の外葉が接する前に終了する。追肥量は, 化成肥料 (3要素成分各8〜10%) なら50〜80g/m²である。やり方は畦間または株間施用か, 小面積の場合はスポット施肥 (49ページ図7-7を参照) がよい。

雑草は随時手取りする。

乾燥すると生育が停滞するだけでなく, 石灰欠乏症が出やすくなるので, 灌水する。

5) 病害虫

育苗中の水のかけすぎは立枯れ病, アブラナ科の連作では根こぶ病, 高温下では軟腐病などが発生しやすい。

虫はつきやすく, アオムシ, コナガ, ヨトウムシ類, タマナギンウワバ, ハイマダラノメイガ, アブラムシ, ハモグリバエ, ネキリムシ, ナメクジ, その他と多い。できるだけ捕殺する (ヨトウムシ類については「葉もの・茎もの類②43　ホウレンソウ」を参照する)。そのほか, 必要に応じて防虫ネットなどを利用する。

必要に応じ, 適切に農薬を利用する。

図12-5　収穫適期になったキャベツ

玉の締まったものから順次収穫
（みかど協和（株）袖ヶ浦農場）

7) 収　穫

収穫の適期は, 玉の上から押して締まって硬くなった時期。しかし, 家庭用では利用に合わせ, 早めから収穫する。とくに春どりで, 裂球 → とう立ちが進みやすいので留意する。

■ 保存, 栄養, 利用

1) 保存法

低温下での貯蔵性が高いが, 高温下での品質低下は早い。収穫後,

すばやく冷涼な場所に移す。冬季にはそのまま新聞紙などにくるんで，冷暗所に置く。通常は，腐敗は芯から進むので，芯をくり抜き，そこへ水で湿らせた紙などを詰め，しっかりラップして冷蔵庫で保存する（図12-6）。少量ずつの利用には，縦切りにしないで，1枚ずつはがして使う。

乾燥する方法もある。

図12-6　芯をくり抜き，湿った詰めものをする（模式図）

←——くり抜き，詰め物をする
　　（湿ったキッチンタオルなど）

2）栄養特性

全体的に，栄養価の高い部類に入る。ビタミンA，C，K，Uをはじめとするビタミン類，カルシウム，食物繊維が多い（巻末附表を参照）。また，ジャスターゼや抗ガン作用の強いイソチオシアネートも含まれている。

したがって，古くは薬用にも利用されたほど健康への効果は高い。とくに，ビタミンU（潰瘍の意味の頭文字，キャベジンの主要成分でビタミン様物質）による胃腸や肝臓の保護，調整・治癒力，抗ガン作用などの幅広い効果は，あまりほかに例がないといわれる。また，その他の成分による造血，ガン物質の除去，骨粗鬆症予防，総合的な精神的肉体的健康効果や生活習慣病の予防などにも効果が高い。五臓六腑の機能を養う働きがあるので，毎日摂取するのがよいといわれている。

種類による栄養含量はかなり異なる。芽キャベツのビタミン類含量はさらに高く，普通キャベツの数倍になるものもある。ちりめん（縮緬）キャベツのビタミンAは，普通キャベツの数十倍に達する。赤キャベツに含まれるポリフェノールは，動脈硬化や免疫力増加の効果をもっている。

3）調理・利用法

基本は加熱でよし，生でよしである。どちらも利用するのが大事。ビタミ

ンUは比較的熱に強いが，熱に弱い成分もあるので，生食もすべきということである。

したがって，汁の具，煮物，揚げ物，炒め物，漬け物，サラダ，各種ジュースなど幅広い和洋食に利用できる。

有名なドイツの漬け物「ザゥワークラウト」は，せん切りのキャベツに，塩，コショウなどの香辛料を少々加えてカメなどの容器に入れ，重石をのせて，2週間ほど乳酸発酵させたものである。

■ プランター栽培のポイント

プランター栽培のしづらい野菜であり，容器は大きいことが望ましい（図12-7）。

追肥重点にならざるを得ないので，生育中の2週間ごとにスポット追肥を行なう（49ページ図7-7を参照）。1回の追肥量は，化成肥料（3要素成分各8～10%）なら50～100g/m²ほどとする。

灌水は，表面が乾き始めたら十分に行なう。ときどき，底面からの給水も行なう。

図12-7　キャベツのプランター栽培

- ●深さは，30cm以上とする
- ●購入苗などを使う
- ●用土（10ℓに，堆肥200gと苦土石灰10g，2週間以上後に化成肥料〈3要素成分各8～10%〉なら15～20gなど混入）
- ●株間距離は，30cmほど

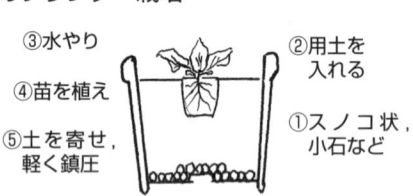

①スノコ状，小石など
②用土を入れる
③水やり
④苗を植え
⑤土を寄せ，軽く鎮圧

キャベツのこと

●原産地，呼称など

　原産地はヨーロッパ海岸地域から地中海沿岸。もとの野生種は現在も自生している非結球性のもので，現地人が食べていた。その後多くの国々で改良が進み，現在見られる多様なタイプがつくられた。日本には1700年代初期にオランダ人によって非結球性のものが導入され，観賞用に利用された。明治時代は結球性のものが野菜化され，戦後急激に普及した。現在の品種はほとんどが一代雑種である。カンラン，玉菜などと別称されるが，「キャベツ」の語源は，ラテン語のカプート"頭"のこと。

　学名は*Brassica oleracea* L. (var.*capitata*)でアブラナ科の一～二年草。芽キャベツはvar. *gemifera*，ケールはvar. *acephala laciniata*。

●トピックス

　今年（2006年）の秋は野菜がうまくできて，超安値。キャベツも，結構な大きさのものが1個30円までになった。そこで，自己流「ザゥワークラウト」を試みることにし，さっそく以下を準備し，取りかかった。
　　　　　　　　　　　（単価）
ポリバケツ（10ℓ）1個　　100円
鉢の受け皿（9号鉢用）…水を入れ，重石に使う　1個　100円
覆い（ポリバケツの買い物袋）…漬けたバケツ全体の覆い
　　　　　　　　　　1袋　10円
キャベツ　　　5個　　150円
ショウガ　　　1かけ　100円
トウガラシ　　10本　自家生産
塩　　　　　　1kg　　183円
（上の3点は100円ショップ）

　まず，①3球の外皮を外してざく切りにし，②これに適宜塩をふりながら，トウガラシ（2～3切れ），ショウガ（薄切り）を混ぜ，ポリバケツに押し込むようにして入れ，③最後に，外しておいた外皮で内ぶたのように覆って塩をふり，④鉢の受け皿に水を入れて重石にする。⑤2日経過後，残りの2球を同様にして（①～④）漬ける。

　1～2ヵ月後の仕上がりが楽しみだったが，我慢できず1週間後に食べてみた。結構いける。ときどきつまみ食いしている。春前にはなくなってしまいそうだ。読者の皆様にもぜひ勧めたい。

図12-8　自己流で「ザゥワークラウト」を漬けた際の道具一式

13 クレソン【アブラナ科】

[気象] 生育適温は15〜20℃あたりで，冷涼を好み，寒さに強い。北海道十勝の内陸部で春の用水路に越冬群生しているのを見たことがある。暑さと強日射には弱い。
[土壌] pHは6.0〜7.0あたりがよい。もともと水性のため，通常は流水や腰水状態で育てるのがよいが，水分が潤沢であれば砂質がかった畑地状態でも栽培できる。
[病害虫] 害虫が発生しやすい。
[連作] 通常2年間は収穫できる。3年目は，アブラナ科以外の野菜跡とする。
[生育の特徴] 休眠はない。花期は5〜6月。ほふく性の生長をしながら枝を出し，次々と生長していく。

■作期・作型，品種

図13-1の通りである。2〜3年以上の収穫ができるが，3年目以降は生育の衰えることが多いので，場所を変えるとよい。また，夏季は遮光するとよい。トンネルなどの保温により周年収穫が可能である。

図13-1 作期・作型

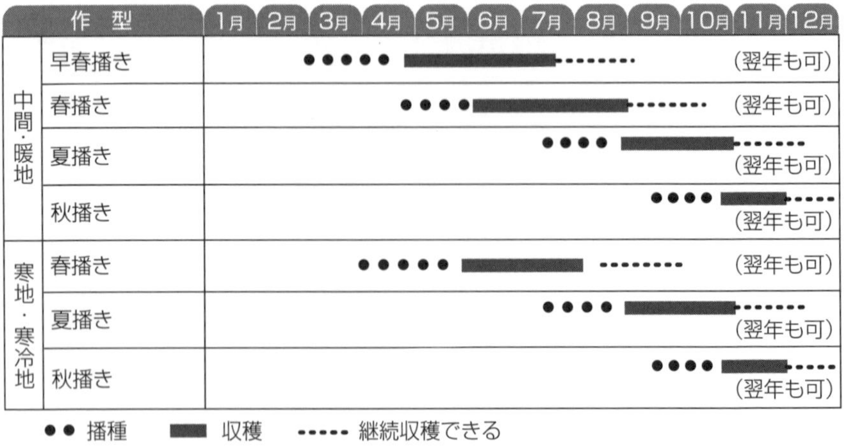

	作型	1月	2月	3月	4月	5月	6月	7月	8月	9月	10月	11月	12月
中間・暖地	早春播き			●●●●		収穫		----		(翌年も可)			
	春播き				●●●●	収穫			----	(翌年も可)			
	夏播き							●●●●	収穫		(翌年も可)		
	秋播き									●●●●	収穫	----	
寒地・寒冷地	春播き				●●●●	収穫			----	(翌年も可)			
	夏播き							●●●●	収穫		(翌年も可)	----	
	秋播き									●●●●	収穫	(翌年も可)	

●● 播種　　■ 収穫　　---- 継続収穫できる

いくつかの系統があるが，近隣の在来系統が無難である。

■つくり方

1) 畑の準備

　クレソンは，池や用水の端，ハイドロボールを使った容器栽培，果てはコップ栽培までできる。しかし，栄養たっぷりな生産を目指すためには，砂質がかって排水が良く，いつでも灌水の行なえる畑地を選ぶ。作業手順は図13-2の通りである。一連の作業は，施肥，定植の半月前に行ないたい。

図13-2　畑の整え方

作業手順
①水管理のしやすい，砂質がかった場所を選ぶ
②畑の整理（前作残渣，雑草の根塊を整理）
③土改資材などの撒布（苦土石灰100〜150g，堆肥1kg/m²，その他を入れる）
④資材を混入するように，全体を耕起する

耕起の深さは10cmほど

2) 苗の準備

　苗はタネから育てることもできるが，家庭菜園では，近隣の畑地から採ったり購入した枝葉を発根させたほうが早い。湿りけさえあればお皿の上でも空中でも発根するが，そのまま土挿しするかコップの水挿しが手っ取り早い（図13-3）。

3) 施肥，畦づくり，植付け

　肥料は全面全層施肥とし，図13-4aの通りにする。多めに植え付け，混みあわないように間引き利用をしながら，生長をはかる。植付けは，発根部を畦に埋めるだけ（図13-4b）。

図13-3　発根させたクレソンの分岐

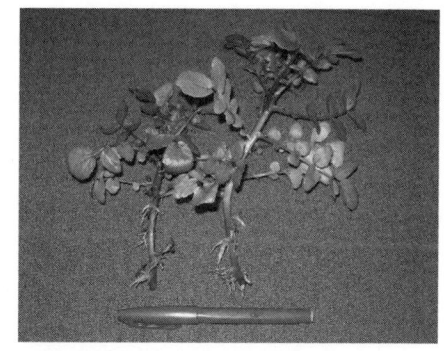

水挿し2日目で，こんなに発根した

4) 追肥，管理

　柔らかいピリッとした辛味のものを収穫するには，乾燥と肥料切

図13-4a 施肥，畦づくり，植付け

①肥料を全面に撒布し（化成肥料〈3要素成分各8〜10%〉なら100g/m²）
②10cmほどの深さに耕起し
③右図の畦をつくり，土壌水分が足りなければ十分に灌水し
④苗を植え付ける

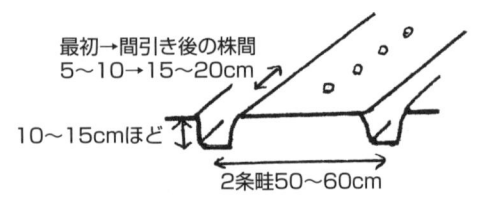

最初→間引き後の株間
5〜10→15〜20cm
10〜15cmほど
2条畦50〜60cm

図13-4b 植付けの方法

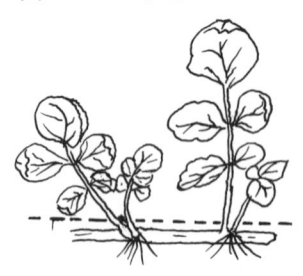

れをおこさないことが大事。そこで，①表面がいつも湿っている状態に灌水すること，②追肥は2週間ごとに，化成肥料（3要素成分各8〜10%）なら，30〜50g/m²を液肥か，スポット施肥で行なう（49ページ図7-7を参照）。

夏季間は，遮光するとよい。

雑草は早めに除去する。

5）病害虫

病害よりも虫害が多い。アブラムシ，コナガ，ハムシ，カブラバチ，カタツムリなどが発生するが，捕殺，農薬散布など早期対策に努める。

6）収　穫

間引き収穫を経て，植付け後30日ほどから，収穫できる。収穫は，先端の柔らかい枝部分だけを摘み取り，下位の節・葉は次の分岐のために残しておく。

■保存，栄養，利用

1）保存法

ほかの野菜と同じように冷蔵庫で保存できるが，とくに貯蔵を考慮しないで収穫する。過繁茂になった場合には，その後の生育にとってよくなく，また虫の発生を招くことがあるので，適宜間引きするとよい。これによって必要な収穫に影響を与えることはない。

2）栄養特性

ビタミンA，C，葉酸など，またカリウム，カルシウム，鉄分，マンガン，ヨウ素などのミネラル分が多く含まれ，食物繊維もかなり含まれる（巻末附表を参照）。栄養的には，緑黄色野菜のトップクラスの実力がある。

辛味成分シニグリンには，強い抗菌性があるほか，胃腸の働きを高め，消化吸収をよくする働きがある。

抗酸化性の強さはワサビとともに，トップクラスである。

消化促進や食欲増進，口臭解消，疲労回復や免疫力の向上，利尿・むくみ防止，脂肪肝の予防，血液浄化から黄だん予防，食中毒防止，神経痛・リウマチの緩和に至るなど，あげればきりがないくらいの効用が知られている。

3）調理・利用法

素材としての特徴は，ピリッとした辛味。ゆでる場合は，湯に塩をひとつまみ入れ，短時間でサッとあげると，ほどよい緑色に仕上がる。

ステーキ，ハンバーグ，そのほかの肉類のつけ合わせ，サラダ，おひたし，炒め物，和え物，スープや汁の実などに用いられる。

野生のものは，寄生虫の心配があるので，必ず加熱して用いる。

■プランター栽培のポイント

図13-5a，bの通りである。

追肥は必要に応じて行なうが，やり方は，割りばしを使ったスポット追肥がよい（図7-7を参照）。1回の追肥量は，化成肥料（3要素成分各8〜

図13-5a　植え付けして間もないプランター栽培

図13-5b　クレソンのプランター栽培

- ●深さは10〜15cmほどでよい
- ●用土（10*l*に，堆肥100gと苦土石灰10〜15g，2週間以上後に化成肥料〈3要素成分各8〜10%〉なら10〜20gなど混入）
- ●最終株間距離は10〜15cmほど

①スノコ状，小石など
②用土入れ
③水やり
④苗を植え
⑤土を寄せ，軽く鎮圧

10％）なら50g/m²ほどとする。

　灌水は，表面がいつも浸潤状態を保つように行なう。受け皿を用いた底面給水が望ましい。

クレソンのこと

●原産地，呼称など

　中部ヨーロッパなどの原産とされ，熱帯を含む世界の冷涼地に自生している。古くから自生種が利用され，栽培が始まったのは，14世紀のフランス，17世紀のドイツあたりからといわれる。

　わが国には，江戸時代に渡来したという説もあるが，明治の初期に東京上野のレストラン精養軒付近の水辺で繁殖したのが，全国の自生へのきっかけになったといわれている。

　オランダガラシ，ミズガラシ，西洋ゼリ（ウォータークレス）などと別称される。似たものに，別属のコショウ草（ガーデンクレスまたはランドクレスとも称し，最近はスプラウトに用いることが多い）がある。

　学名は*Nasturtium officinale* L.で，アブラナ科オランダガラシ属の水性の多年性草本。学名の*officinale*は，"薬効がある"という意味で，ヨーロッパでは久しく薬用として利用された。

●トピックス

①クレソンとセリの競り合い

　セリの呼び方は，お互いが競い合うように生長する"競り"に由来するといわれている。そのセリも，どうやらクレソンとの競り合いには叶わないらしい。明治時代に入ってからまたたく間に全国に自生地を拡げていったクレソンは，湧水地に自生していたセリを駆逐しているらしい。そういわれれば，それらしい場所に何度か出くわしたことがある。セリを助けろといわんばかりのキャンペーンを張っているセリ愛好家もいるやに聞く。セリもクレソンも大好きな筆者にとって，この戦いは困ったもののひとつだ。

②野菜のアク抜き

　野菜のアクは，大別して以下のえぐ味，渋味，苦味の3つに現われるが，色や匂いなども含める場合がある。

　えぐ味：おもにホモゲンチジン酸という物質とシュウ酸およびその化合物による。

　渋味：おもにタンニン（ポリフェノールの一種）という物質による。

　苦味：おもに糖と結合した配糖体のかたちで存在する物質と，アルカロイド（植物体中に存在する，チッソを含む塩基性物質の総称）による。このほか，カルシウムやマグネシウムなども苦味をもっている。

　アク抜きとはこれらを薄めることをいう。アクの成分はほとんどが水溶性なので，水に浸けただけでアク抜きができる。しかし，成分や野菜

の種類などによってはそのスピードが遅い。アク抜きは、これを早めるためと、そのままでは水に溶けないアクを流出可能な状態にするために加熱したり塩や木灰などを加えたりするのである。しかし、各種の栄養成分には水溶性のものが多いので、アク抜きの時間が長くなると栄養分が逃げる。そこでアク抜きの基本は「すばやく」である。

表13-1に野菜山菜のアク抜き法をまとめておいた。

表13-1　野菜山菜のアク抜き法

（農水省「消費者の窓口」ほかから）

野菜	アク抜き方法
ホウレンソウ，シュンギクなど葉物	塩少々を入れたお湯で1分間ゆで，すぐに冷水に取って冷まし，水気をとる
カリフラワー	切って塩水につけるか，酢または小麦粉を加えたたっぷりの熱湯に入れ，冷ます
ナス	切って，すぐ薄い塩水につける
ダイコン	不透明な白い大根はアクがあるので，お米のとぎ汁でゆでる
ゴボウ	用途に応じて切り，すぐに酢水に浸け10分ほどおく。酢水が茶色や黄色くなったら，必要に応じて数回水を替える。酢の酸性が酸化酵素を抑え，ポリフェノールを褐変（酸化）させない
サトイモ	塩をまぶしながら皮剥きし，塩とぬめりを水で洗い流し，ゆでて，沸騰したら止める
ジャガイモ	皮を剥いたら，すぐに水にさらす
サツマイモ	料理に使う場合は，皮を剥いて10分ほど水にさらす
ウド	切った順に酢水に入れる。アクを抜くと同時に，酢の酸性がゴボウと同じに働く
フキ	重曹を入れて（水1ℓに小さじ1杯）ゆで，5〜10分沸騰させてから冷ます。冷水にさらし，数回水を入れ替えてできあがり
レンコン	皮を剥き，酢水に5分ほどさらす。ゆでるときも酢熱湯がよい。酢の酸性がゴボウと同じに働く
タケノコ	なかに米ヌカ一つかみ，またはとぎ汁と鷹の爪1本を入れ，水からゆでる。40〜50分ゆでて，根元の硬い部分に串がスッと通ればできあがり。ヌカの酵素がホモゲンチジン酸やシュウ酸を溶出しやすくし，繊維も柔らかくなる
ワラビやゼンマイ	水洗いしてから木・ワラなどの灰をまぶして容器に入れ，上から熱湯をかけてそのまま一晩おく。ワラビのアクは抜けづらいので，少し手間をかける。重曹を入れると（水1ℓに小さじ1杯），アク抜きだけでなく，繊維が柔らかくなる

クレソン

14 ケール【アブラナ科】

【気象】 発芽温度は10〜30℃,生育適温は15〜20℃あたりで冷涼を好み,寒さに強い。積雪下でも生き延びることがある。暑さにもかなり耐えるが,強日射,熱暑を嫌う。

【土壌】 pHは6.0〜7.0あたりがよい。適応性は広いが,肥沃で,保水,排水の良い土壌で良質・多収が得られる。

【病害虫】 キャベツにほぼ同じ。

【連作】 連作害は少ないが,アブラナ科,とくにキャベツ類跡は避ける。

【生育の特徴】 結球しない大型のキャベツと思えばよい。播種の翌春に抽だい・開花し,タネが採れる。丈は1〜2mになる。積雪地でも,ハクサイのように葉で頂部を囲ったり,覆いをすることによって,株が越冬できたという例がある。

■作期・作型,品種

基本的には,図14-1aの通りである。

図14-1a　作期・作型

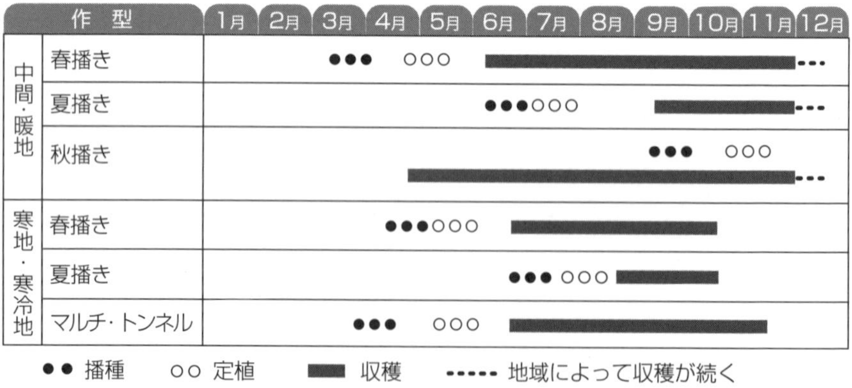

作型		1月	2月	3月	4月	5月	6月	7月	8月	9月	10月	11月	12月
中間・暖地	春播き				●●●	○○○	━━━	━━━	━━━	━━━	━━━	━━━	----
	夏播き						●●●○○○			━━━	━━━	━━━	----
	秋播き				━━━	━━━	━━━	━━━		●●●	○○○	━━━	----
寒地・寒冷地	春播き				●●●○○○		━━━	━━━	━━━	━━━	━━━		
	夏播き						●●●	○○○	━━━	━━━	━━━		
	マルチ・トンネル				●●●	○○○	━━━	━━━	━━━	━━━	━━━		

●● 播種　　○○ 定植　　━━ 収穫　　---- 地域によって収穫が続く

いくつかの品種があるが,多くはかき取り型のツリーケールが使われる。ツリーケールは木立性の大葉系で,1〜2m以上になる。葉1枚は200g以上で,1回分(200cc)の青汁ができる(図14-1b)。

■つくり方

1) 畑の準備

図14-2の通りにする。これらの作業は，播種，定植の半月ほど前までに行ないたい。

図14-2　畑の整え方

作業手順
①できれば，排水の良いところを選ぶ
②畑の整理（前作の残渣，雑草の根塊を整理）
③土改資材などの撒布（苦土石灰150〜200g，堆肥3〜4kg，熔リン50g/m²を入れる）
④資材を混入するように，全体を耕起する

耕起の深さは15cmほど

2) 播種・育苗

「12　キャベツ」に同じ。

図14-1b　生育中のケール
（島根県農技セ，播磨邦夫，2006）

3) 施肥，畦づくり，播種

全面全層施肥し，転耕起して肥料を鋤き込み，畦をつくり，定植する（図14-3）。湛水を嫌うので，排水の良くないところでは高畦にする。

直播でもよい。なお，わき芽の挿し木で増殖もできる。

図14-3　施肥・畦づくり，播種（かき取り型）

①肥料を全面に撒布し（化成肥料〈3要素成分各8〜10％〉なら，100g/m²）
②10cmほどの深さに耕起し
③右図の畦をつくり，十分に灌水する
④水がなじんだら，苗（本葉5〜6枚）を植え付ける

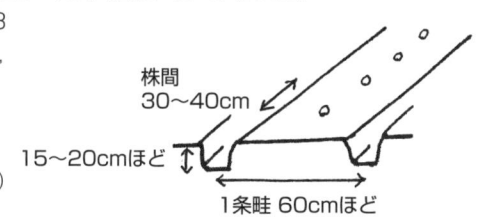

株間30〜40cm
15〜20cmほど
1条畦60cmほど

4) 追肥，管理

肥料切れすると生育が鈍るので，適宜，軽い中耕をかねて追肥する。通常，月に2回ほど行なう。追肥量は，化成肥料（3要素成分各8〜10％）なら，1回に30〜50g/m²である。やり方は「葉もの・茎もの類②43　ホウレンソウ」に

準じるか，スポット施肥にする（49ページ図7-7を参照）。
　夏季は，乾燥させないように灌水に留意する。雑草は随時手取りする。

5）病害虫
　アブラナ科共通の病害虫が発生する。防虫ネットは効果がある。

6）収　穫
　本葉10～12枚になって以降，下位の葉からかき取っていく。

■ 保存，栄養，利用

1）保存法
　必要に応じて収穫するのがよいが，余ったものはラップして冷蔵庫に入れる。青汁にして冷蔵庫，冷凍庫に入れてもよい。乾燥粉末にする方法もある。
　青汁はつくったらすぐ飲むのがよいが，保存もできる（冷蔵庫：3～4日まで冷凍室（家庭用）：3～6ヵ月乾燥葉：3～6ヵ月以上）。

2）栄養特性
　ビタミンA，C，E，B類，カルシウムほかのミネラル類などが多く含まれる（巻末附表を参照）。また，食物繊維，葉緑素，アミノ酸類の多いことも特徴である。総合的に緑黄色野菜の中でも，抜群の栄養性を誇る。
　その効果は，基本的に，健胃整腸から始まる消化，呼吸，循環，泌尿，視聴覚，神経などの諸器官，また免疫力向上，成人病予防・治癒，抗ガン性など，身体のほとんどの機能回復・向上に効果があるといわれている。

3）調理・利用法
　キャベツ類の特徴で，アクやシュウ酸があまり多くない。青汁のほか，各種ジュース，スープ，サラダ，おひたし，煮物，炒め物，漬け物，各種料理の具材などにも利用できる。今後，いろいろな工夫が生まれそうである。

■ プランター栽培のポイント

　図14-4のように，簡単にできる。
　追肥は肥料切れのときに行なうが，月に2回ほど行なう。追肥量は，化成

肥料（3要素成分各8〜10%）なら，1回に30〜50g/m²でスポット施肥にする。
灌水は，表面が乾き始めたら行なう。ときどき，底面給水を行なう。

図14-4　ケールのプランター栽培

- 深さは最低15cmほどとする。一株植えの場合は直径20cmでもよい
- 用土（10ℓに，堆肥200〜300g，苦土石灰10〜15g，2週間以上後に化成肥料〈3要素成分各8〜10%〉なら10〜20gなど混入）
- 株間距離は25〜30cmほどとする（直播，苗のどちらでもよい）

③水やり
④苗を植え
⑤土を寄せ，軽く鎮圧
②用土入れ
①スノコ状，小石など

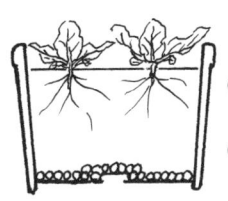

ケールのこと

●原産地，呼称など

原産地は地中海沿岸（南ヨーロッパ）で，キャベツやブロッコリーなどの祖先といわれている。紀元前200年前のギリシャ時代から薬草として用いられ，わが国には800年前に渡来した。生長した株につく葉がまるで翻る天女の衣のようであることから，和名はハゴロモカンランという。また，別名は葉キャベツ。どちらもよくわかる。学名は *Brassica oleracea* L. var. *acephala*で，アブラナ科アブラナ属の二年草。

●トピックス

ケールといえば青汁。この青汁，いまや「まずい！　もう一杯！」のテレビコマーシャルは，誰でも知っているほど一般的になった。筆者自身，健康を快復した人を何人も知っている。当然，その発端と足跡を調べたくなった。すると，なんと，どこでもありがちだが，"私が始めた""本家は俺だ""実は私が発明した"などの類が出てきた。本家本元は今はなき遠藤仁浪博士である。公にされたのが1943年（昭和18年）で，「青汁」の命名はヒナ子夫人による。そしてこの「青汁」と「ケール」がドッキングして，今日の青汁「遠藤青汁」が誕生したのは，1954年（昭和29年）であった。このとき，博士は現関西医科大学教授を経て，倉敷中央病院院長に就任していた。もう一人，奔走する博士夫妻を支え続けた貝原邦夫さんも忘れてはならない。

博士の青汁に対する基本は，①原料は各種栄養成分に富むケールとし，また，②有毒物質に汚染されていないこと，③野菜を大量に食べる便法である，④人の本来もっている治癒力を高める，⑤食生活全般を高める必要がある，そしてすばらしいことに⑥青汁は一方的な宣伝でなく，体験者からの伝播によらなければならない，である。

15 コウサイタイ【アブラナ科】

[気象] 発芽，生育適温はともに15～20℃あたりで，冷涼を好み，寒さに強いが，5℃以下では枯死する。暑さにもかなり強い。日照を好む。低温では鮮やかな赤紫色，高温では緑色になる。
[土壌] pHは6.0～7.0あたりがよい。土質は選ばないが，排水，保水に富む肥沃な土壌がよい。
[病害虫] アブラナ科共通の病虫害が発生しやすい。
[連作] 連作害はほとんどないが，アブラナ科以外の野菜の跡がよい。
[生育の特徴] 吸水種子の低温感応（12℃以下10日ほど）で花芽分化し，花期は翌年の2～5月。

■ 作期・作型，品種

　図15-1の通りである。収穫期の低温は収量を低くするので，トンネルなどで保温に努める。

図15-1　作期・作型

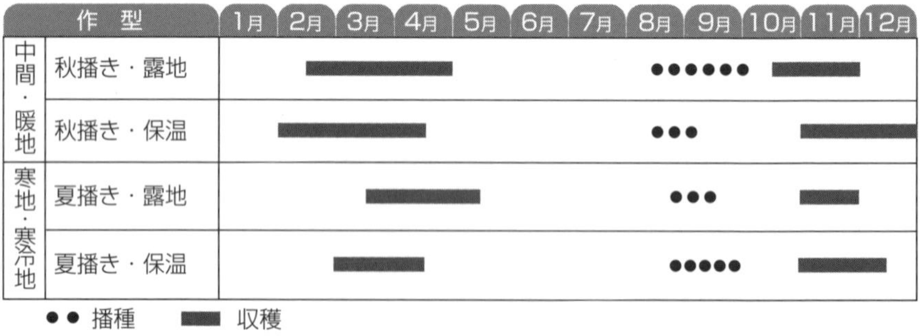

	作型	1月	2月	3月	4月	5月	6月	7月	8月	9月	10月	11月	12月
中間・暖地	秋播き・露地	━━	━━	━━	━━				●●●●●●	━━			
	秋播き・保温	━━	━━	━━	━━	━━			●●●			━━	━━
寒地・寒冷地	夏播き・露地			━━	━━	━━			●●●		━━		
	夏播き・保温			━━	━━	━━			●●●●●		━━		

●● 播種　　━━ 収穫

　品種はほとんど分化していない。

■つくり方

1) 畑の準備

図15-2の通りである。一連の作業は，施肥，定植の半月前に終える。

図15-2 畑の整え方

①アブラナ科以外の跡を選ぶ
②畑の整理（前作残渣，雑草の根塊を整理）
③土改資材などの撒布（苦土石灰100g，堆肥2kg/m²，その他を入れる）
④資材を混入するように，全体を耕起する

耕起の深さは15cmほど

2) 施肥，畦づくり，播種

肥料は全面全層施肥とし，図15-3の通りにする。1条植えでもよい。

排水の良くないところでは，畦を高くする。

直播は，多めに播種し，間引き菜を利用しながら，最終株間距離にもっていく。

図15-3 施肥，畦づくり，播種

①肥料を全面に撒布し（化成肥料〈3要素成分各8〜10％〉なら，100g/m²）
②10cmほどの深さに耕起し
③右図の畦をつくり，十分に灌水する
④多めに播種し，タネを隠す程度に覆土，板切れなどで軽く鎮圧
⑤間引きしながら，間引き菜を利用する。最後に株間距離までもっていく

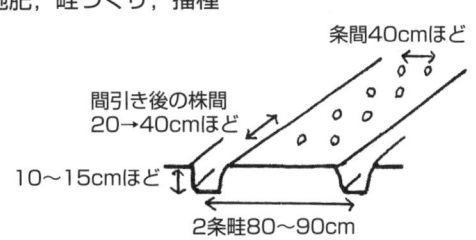

条間40cmほど
間引き後の株間 20→40cmほど
10〜15cmほど
2条畦80〜90cm

3) 追肥，管理

品質の良いものを十分に収穫するには，いつも肥料を効かせておく必要がある。

生育が盛んになったら適宜追肥する。追肥は，軽い中耕をかねて行なう。追肥量は，化成肥料（3要素成分各8〜10％）なら50〜80g/m²で，やり方は畦

図15-4 収穫されたコウサイタイ
（タキイ種苗提供）

間または株間施用か、スポット施肥にする（49ページ図7-7を参照）。
　初期の雑草防除が重要である。

4）病害虫
　アブラムシ、アオムシなどが発生するので、随時捕殺するか、防虫ネットを利用する。また、必要に応じて農薬を適切に利用する。

5）収　穫
　とうが伸び、花が咲き始めたら、下位の2～3枚を残して20cmほどのところで摘み取る。すぐ側芽が出て生長するので、同じように摘み取っていく（図15-4）。

■ 保存，栄養，利用

1）保存法
　必要に応じて収穫するのが望ましい。余ったものは、湿らせた新聞紙やラップにくるんで、冷蔵庫に立てかけて入れる。または、サッとゆでて、小分けしてラップし、冷凍庫に入れる。

2）栄養特性
　ここに紹介する成分分析値は見当たらないが、菜の花に近い成分値であると思われる。ビタミンA、Bや、鉄分が多く含まれるといわれる。
　免疫性の向上、生活慣習病の予防、整胃整腸、貧血防止などの効果が期待できる。また、ポリフェノールが多いのも加わって、高い抗酸化性を示す。

3）調理・利用法
　調理、利用上の特徴は、歯触りがよい、甘味がある、赤紫色のとうは加熱で鮮緑色になることである。
　油などの炒め物、煮物、おひたし、熱湯にサッと通して浅漬けやぬか漬け、

汁やスープの実など。

■ プランター栽培のポイント

　図15-5の通りである。多めに播種し，間引き菜を利用する。収穫期に入ったら，月に1回ほど割りばしを使ったスポット追肥を行なう（図7-7を参照）。1回の追肥量は，化成肥料（3要素成分各8〜10％）なら50〜100g/m²ほどとする。

　底面からの給水も行なう。

図15-5　コウサイタイのプランター栽培

- 深さは15cmほどでよい。1株植えの場合でも，直径は最低でも20cm必要である
- 用土（10ℓに，堆肥200〜300gと苦土石灰10g，2週間以上後に化成肥料〈3要素成分各8〜10％〉なら10〜20gなど混入）
- 植付けの株間距離は，初め5〜10cmほど，生長したら30cmほどにする

①スノコ状，小石など
②用土入れ
③水やり
④苗を植え
⑤土を寄せ，軽く鎮圧

コウサイタイのこと

●原産地，呼称など

　コウサイタイ（紅菜苔）の原産地はヨーロッパ，中国の揚子江中流域で分化し，唐の時代から栽培されていた。わが国には第二次世界大戦中の1939年にいわゆる中国野菜としてもっとも早く導入されたが，広まらず，本格的になったのは日中国交回復以降である。

　当初の和名は，ベニナバナ（紅菜花）であった。

　学名はBrassica campestris L. chinensis groupで，アブラナ科アブラナ属の二年草。

16 コマツナ 【アブラナ科】

[気象] 発芽温度は5〜30℃，生育適温は10〜25℃ほどで，冷涼を好み，寒さと暑さの両面に強い。光を好むが，半日陰でもよく育つ。
[土壌] pHは5.5〜6.5あたりがよい。土壌をあまり選ばないが，排水・保水が良く，肥沃な土壌を好む。
[病害虫] 少ない。
[連作] 連作害はあまり出ないが，1年はあける。
[生育の特徴] とにかくつくりやすい。春に問題となる抽だいは，生育後半の低温に感応し高温で促進されるが，品種による差が大きい。

■ 作期・作型，品種

　雪がなければ，関東以西の平坦地ではほぼ周年栽培できる（図16-1）。盛夏の遮光，冬季の防寒により，作期を拡大できる。
　ホウレンソウと同様，寒締め栽培により甘味のあるものを生産できる。
　寒締めの方法は，凍結しない範囲の4℃以下の寒気にさらして生育させるもので，葉は縮み状になって味が増し，ビタミン含量も増える。

図16-1　作期・作型

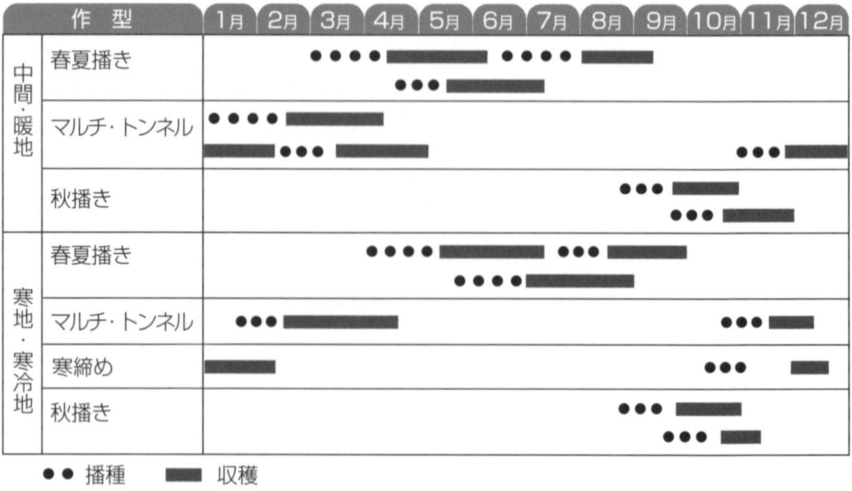

	作　型	1月	2月	3月	4月	5月	6月	7月	8月	9月	10月	11月	12月
中間・暖地	春夏播き			●●●	━━━━━	━━━	●●●	━━━	━				
					●●●	━━━	━━						
	マルチ・トンネル	●●●	━━━	━━								●●●	━
			━━	●●●	━━━	━━							━━
	秋播き								●●●	━━━	━━		
										●●●	━━━	━━	
寒地・寒冷地	春夏播き					●●●	━━━	●●●	━━━	━			
							●●●	━━━	━				
	マルチ・トンネル			●●●	━━━							●●●	━
	寒締め	━━━	━━								●●●		━━
	秋播き								●●●	━━━			
										●●●	━━━		

●● 播種　　━━ 収穫

品種の組み合わせで周年栽培できる。大まかには，春〜夏作では早生種や中生種，秋〜冬作では晩生種を用いる。

「べんり菜」は，コマツナの一種で，文字通りどの作型でも利用できる。

■つくり方

1）畑の準備

図16-2の通りである。これらの作業は半月前に行ないたい。

pH5.0以下では石灰資材を必ず入れる。

豪雨で滞水しやすい地勢では，排水のための溝などを準備する。

図16-2　畑の整え方

作業手順
①畑の整理（前作の残渣，雑草の根塊を整理）
②土改資材などの撒布（苦土石灰100〜150g，堆肥1〜2kg/m²，そのほかに必要に応じてリン酸資材も入れる）
③資材を混入するように，全体を耕起する

耕起の深さは20cmほど

2）施肥，畦づくり，播種

平畦でもよいが，排水不良地や豪雨で滞水しやすい地勢では，畦づくりをし，播種する（図16-3a，b）。

"発芽を揃えることが大事" とよくいわれるが，家庭菜園ではあまりこだわらない。雑草対策は抜き取りが基本，必要に応じて除草剤を適正に用いる。

植え傷みが少ない野菜なので，間引きした苗を必要に応じて移植してもよい。

図16-3a　施肥，畦づくり，播種

◎排水が良く，膨軟で，肥沃であれば，平畦の状態でよい
◎①肥料を全面に撒布し（化成肥料〈3要素成分各8〜10%〉なら100g/m²）
　②10〜15cm深さに耕起し
　③十分に灌水して，右図の畦をつくる

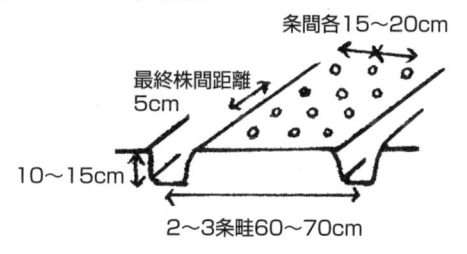

条間各15〜20cm
最終株間距離5cm
10〜15cm
2〜3条畦60〜70cm

図16-3b　播種のやり方

①タネ溝づくり
　板切れ（厚さ3mmほど）で15〜20cm間隔に溝をつける。
　散播でもよい

②播種，覆土，軽い鎮圧
　溝に1〜2cm間隔で条種し，覆土する。その後，クワなどで，軽く鎮圧する

③最終の株間隔は，5cmほど

播種の拡大
覆土はタネの2〜3倍

　なお，ビタミンナやシロナもこの方法でつくれる。
　土壌が病原菌，害虫，雑草のタネなどに汚染されて問題となりそうな場合には，太陽熱消毒を行なう。

3）間引き菜も利用しよう

　ホウレンソウと同様に，間引き菜を利用したい。間引き菜は，大きい株からにする。また，残す株が倒れないように留意する。

4）追肥，管理

　培土は通常しない。
　追肥は通常は必要ないが，生育に応じて行なう。追肥量は，化成肥料（3要素成分各8〜10％）なら，1回に50g/m^{2}である。やり方は畦間または株間施用か，スポット施肥（49ページ図7-7を参照）する。
　土壌水分と生育の関係は強いので，土壌乾燥に留意して，灌水する。
　上に伸びてきた雑草は，見つけしだい，手で抜き取る。
　盛夏の高温や冬季の厳寒に対しては，遮光や防寒覆い（マルチ，トンネル）などの対策をとる。

5）病害虫

　よく肥培管理された畑では，病害の発生することは少ない。
　連作や長雨で発生する軟腐病の回避には，①被害株の除去，②間引きなど

により株を損傷しない，③排水を良くする，④連作をしないでイネ科作物を植える，などに努める。

また，根にこぶが出るネコブセンチュウに対しては，アブラナ科の作付けを止め，太陽熱消毒をする。白さび病，炭そ病，萎黄病などには，適正に防除剤を用いる。

コナガやキスジノミハムシには，防虫ネットを利用する。ヨトウムシ類は捕殺する。

6）収　穫

おいしい時期は15〜20cmほどのときで，このときが収穫適期である。25cm以上にならないように，大きい株から収穫する。

図16-4　収穫したコマツナ

■ 保存，栄養，利用

1）保存法

日持ちがあまりよくないため，収穫した日に使いきるのが望ましい。霧を吹き，ラップして，冷蔵庫に立てて入れても数日しかもたない。固めにゆでて冷凍すると長くもつ。

購入したものは，まず水分を吸わせ，それから調理または保存作業に入る。

2）栄養特性

全体的に栄養価のもっとも高い部類に入る。骨を構成するカルシウムが多く，200gには1日の必要量が含まれ，これは牛乳の2倍。ビタミンA，C，K，カリウム，鉄分なども多く，ホウレンソウに勝るとも劣らない優れた栄養バランスをもっている（巻末附表を参照）。

したがって，ガン，骨粗鬆症，貧血，風邪の予防や，精神の安定，肌や歯の健康維持などに効果があるとされる。

3）調理・利用法

アクがごく少なく，下ゆでは必要ないかごく軽く行なうだけでよい。また，

ビタミンCの効率的摂取と整腸作用のため，きざんだ生食をお勧めしたい。

浅漬けなどの漬け物，おひたしや和え物，炒め物，汁の実のほか，ジュースなどにも用いられる。

■プランター栽培のポイント

図16-5の通りである。

生育中には必要に応じ追肥を行なう。株が大きくなったら，スポット追肥がよい（49ページ図7-7を参照）。1回の追肥量は，化成肥料（3要素成分各8～10％）なら50～80g/m^{2}ほどとする。

管理のポイントは乾燥させないことで，表面が乾き始めたら十分に灌水する。ときどき，底面からの給水も行なう。

高温や厳寒対策には，状況に応じて置き場所を変える。

図16-5　コマツナのプランター栽培

- ●深さは，20cmほどとする
- ●用土（10ℓに，堆肥100gと苦土石灰10g，2週間以上後に化成肥料〈3要素成分各8～10％〉なら15～20gなど混入）
- ●株間距離は5cmほど

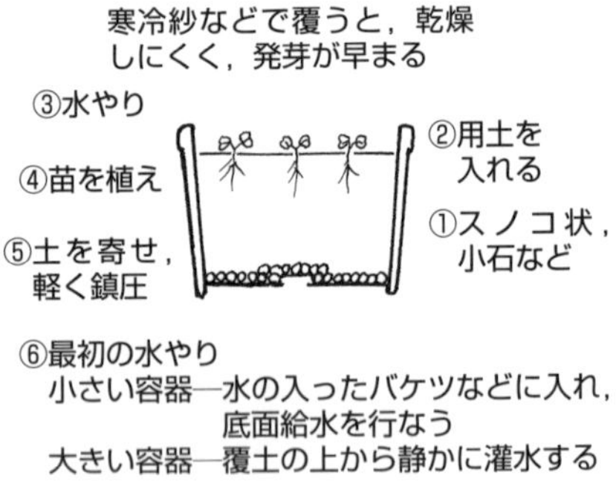

寒冷紗などで覆うと，乾燥しにくく，発芽が早まる
③水やり
②用土を入れる
④苗を植え
①スノコ状，小石など
⑤土を寄せ，軽く鎮圧
⑥最初の水やり
　小さい容器—水の入ったバケツなどに入れ，底面給水を行なう
　大きい容器—覆土の上から静かに灌水する

コマツナのこと

●原産地，呼称など

　もともとのコマツナは，カブから分化したといわれる。「小松菜」の呼称は，江戸時代の下総国葛飾郡（現東京都江戸川区）小松川村の特産であったことに由来する。冬菜，雪菜，はたけ菜，正月菜とも呼ばれる。各地に特徴的な在来種がある一方，品種改良も進み，なかにはべん り菜のようにチンゲンサイの血を入れたものもある。近年は，米国でもkomatsunaの名で普及しているという。

　学名は*Brassica campestris* L. （var.*peruviridis*）。アブラナ科の越年草。

●トピックス

　コマツナの特徴は，葉の黄化が進みやすいこと。これは，乾燥や肥料不足の場合は畑地や，収穫後の保管中にも見られる。冷蔵庫でも数日で黄化が始まる。黄化は古い葉から進み，老化現象の一種と考えられ，栄養や食味なども低下しやすい。収穫後のこの現象は，軟弱に育てられたものや保管温度が高い場合に早く進み，また品種によっても違いがある。

図16-6　ブラシカ類の野菜は多く，農業祭では主役である

17 サイシン【アブラナ科】

[気象] 生育適温は10～25℃あたりで，発芽適温はこれより少し高い。暑さに強いが，寒さにはごく弱い。日照を好む。
[土壌] pHは6.0～7.0あたりがよい。土質は選ばないが，排水，保水性の良好な有機質に富む土壌がよい。乾燥を嫌う。
[病害虫] アブラナ科共通の病虫害が発生しやすい。
[連作] 連作害が出るので，アブラナ科以外の野菜の跡にする。
[生育の特徴] 3～9月いっぱい，花芽は低温にあうことなしにいつでも分化し，とう立ちする。夏期間は早くからとう立ちする。主茎のとう立ちを摘み取ると，次々と分岐が出る。

■ 作期・作型，品種

　図17-1の通りである。播種期を少しずつずらすことによって，夏季はいつでも収穫できる。また，関東以西では，周年栽培の可能な地域が多い。

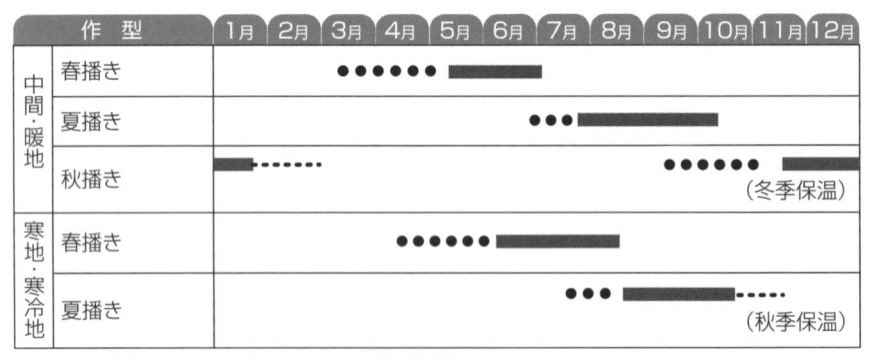

図17-1　作期・作型

	作　型	1月	2月	3月	4月	5月	6月	7月	8月	9月	10月	11月	12月
中間・暖地	春播き			●●●●●	━━━━								
	夏播き						●●● ━━━━━						
	秋播き	━━┅┅┅┅								●●●●● ━━━━			
										(冬季保温)			
寒地・寒冷地	春播き				●●●●● ━━━━━								
	夏播き						●●● ━━━━━ ┅┅┅						
										(秋季保温)			

●● 播種　　━━ 収穫　　┅┅ 収穫が継続できる

　早，中，晩生品種があるが，わが国では早生の数品種がつくられている。

■つくり方

1）畑の準備
図17-2の通りである。一連の作業は，施肥，定植の半月前に終える。

図17-2　畑の整え方

作業手順
①アブラナ科以外の跡を選ぶ
②畑の整理（前作残渣，雑草根塊を整理）
③土改資材などの撒布（苦土石灰100g，堆肥2kg/m²，その他を入れる）
④資材を混入するように，全体を耕起する

耕起の深さは15cmほど

2）施肥，畦づくり，播種
肥料は全面全層施肥とし，図17-3の通りにする。2条植えがよい。

排水の良くないところでは，畦を高くする。

直播は，多めに播種し，間引き菜を利用しながら，最終株間距離にもっていく。

図17-3　施肥，畦づくり，播種

①肥料を全面に撒布し（化成肥料〈3要素成分各8〜10%〉なら，100〜200g/m²）
②10〜15cm深さに耕起し
③右図の畦をつくり，十分に灌水する
④多めに播種し，タネを隠す程度に覆土，板切れなどで軽く鎮圧
⑤間引きしながら，間引き菜を利用する。本葉5〜6枚で最後に株間距離までもっていく

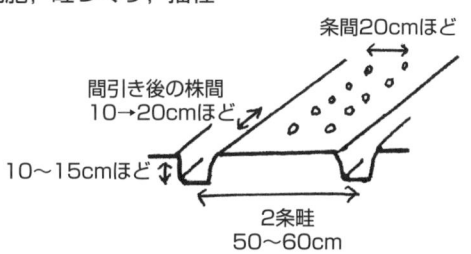

条間20cmほど
間引き後の株間10→20cmほど
10〜15cmほど
2条畦50〜60cm

3）追肥，管理
品質の良いものを十分に収穫するには，いつも肥料を効かせておく必要がある。

生育が盛んになったら適宜追肥する。追肥は，軽い中耕をかねて行なう。追肥量は，化成肥料（3要素成分各8〜10%）なら50g/m²で，やり方は畦間ま

図17-4 収穫されたサイシン
(千葉県・中国野菜木村商店)

たは株間施用か，スポット施肥にする（49ページ図7-7を参照）。

初期の雑草防除が重要である。

5）病害虫

「15 コウサイタイ」に同じ。

6）収 穫

とうが伸び，花が咲き始めたら，花蕾のついたとうの基部を下位の葉3～4枚を残して刈り取り，外葉を切り離して収穫する。そして，次の分岐の収穫を待つ。また，株ごと切り取って，同じように収穫する（図17-4）。

■ 保存，栄養，利用

1）保存法

必要に応じて収穫するのが望ましい。余ったものは，湿らせた新聞紙やラップにくるんで，冷蔵庫に立てかけて入れる。また，サッとゆでて，小分けしてラップし，冷凍庫に入れるのもよい。

2）栄養特性

ここに紹介する成分分析値は見当たらないが，菜の花に近い成分値であると思われる。ビタミンA，Cやカルシウム，鉄分が多く含まれるといわれる。

整腸，貧血防止などの効果が期待できる。また，ポリフェノールが多いのも加わって，高い抗酸化性をもっている。

3）調理・利用法

調理，利用上の特徴は，茎の下部は硬いので薄皮を剥かなくてはならない，葉は生では青臭さがある，花蕾は生では苦味があるなどから，生食には適しない。茎，葉，花蕾は切り分けてゆで（塩ゆで），冷水でサッと冷やすが，その後の調理は一緒にする。

油炒め，煮物，和え物，浅漬けなどの漬け物，酢の物，スープや汁の実な

どに用い，葉も食用にできる。

■プランター栽培のポイント

図17-5の通りである。多めに播種し，間引き菜を利用する。収穫期に入ったら，月に1～2度ほど割りばしを使ったスポット追肥を行なう（図7-7を参照）。1回の追肥量は，化成肥料（3要素成分各8～10％）なら50～80g/m²ほどとする。

乾燥させないように，底面からの給水も行なう。

図17-5　サイシンのプランター栽培

- 深さは15cmほどでよい
- 用土（10ℓに，堆肥200～300gと苦土石灰10～20g，2週間以上後に化成肥料〈3要素成分各8～10％〉なら20gなど混入）
- 多めに播種し，間引きながら，最終の株間距離は15～20cmとする

③水やり
④タネを播き
⑤タネを隠す程度に覆土し，軽く鎮圧
②用土入れ
①スノコ状，小石など

サイシンのこと

●原産地，呼称など

もともとの原種の原産地はヨーロッパだが，サイシン（菜心）自体は中国において白菜から分化した変種である。わが国への渡来は，パクチョイやチンゲンサイ（青梗菜）が栽培される以前，横浜中華街の料理人が近くの農家にタネを渡して委託栽培したことによるといわれている。コウサイタイに比べると，少し小型である。

タネから油を採っていたことからユサイシン（油菜心），また中国サイシン，サイタイ（菜苔），シントリナ（芯取菜）ともいう。

学名はBrassica campestris L. var parachinensisで，アブラナ科アブラナ属の二年草。

●トピックス

サイシンを親にした新しい野菜がいくつかある。ブロッコリーとの掛け合わせからつくられた「はなっこりー」もその1つ。山口県農業試験場が育成し，平成11年8月11日に品種登録された。出荷は平成7年から始まり，鮮やかな緑色で柔らかく甘味のある茎，蕾，小葉が人気を呼び，徐々に生産消費が増えている。軽くゆでてサラダ，天ぷら，炒め物など，どんな料理にもあう。

ただこの野菜，残念ながら今のところ，山口県のオリジナル野菜とするねらいからタネを県外には出していない。

18 シソ 【シソ科】

[気象] 発芽適温は15～25℃，生育適温は20～25℃，10℃以下では生育は停滞する。霜や乾燥に弱いが，高温には比較的強い。日照を好むが，半日陰にも耐える。
[土壌] pHは6.0前後がよい。排水性が良く，有機質の多い肥沃な土壌を好む。
[病害虫] 少ない。
[連作] とくに影響はない。
[生育の特徴] タネの休眠は6ヵ月ほどで，発芽は光好性。短日植物で，抽だいは14時間以下の日長（短日）でおこるといわれるが，関東では12月の冬至が過ぎても抽だいしない例がたくさん見られる。

■ 作期・作型，品種

基本的には，図18-1の通りである。

図18-1 作期・作型

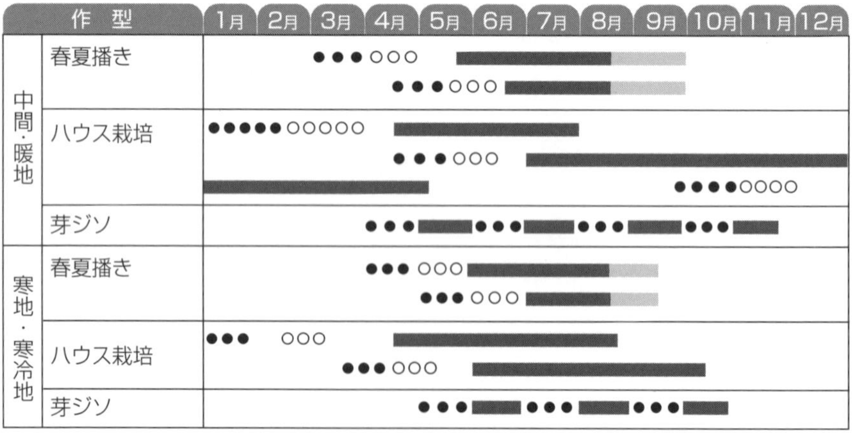

	作型	1月	2月	3月	4月	5月	6月	7月	8月	9月	10月	11月	12月
中間・暖地	春夏播き				●●●○○○		━━━━━━━━━━━						
						●●●○○○	━━━━━━━━						
	ハウス栽培	●●●●●○○○○○				━━━━━━━							
						●●●○○○	━━━━━━						
		━━━━━━━━━━━━━━								●●●●○○○○			
	芽ジソ				●●●●●●●●●●●●●●●●●●●●								
寒地・寒冷地	春夏播き					●●● ○○○	━━━━━						
						●●●○○○	━━━━						
	ハウス栽培	●●●		○○○		━━━━━							
						●●●○○○	━━━━						
	芽ジソ					●●●●●●●●●●●●●							

●● 播種　○○ 定植　━━ 収穫（葉）　━━ 収穫（穂）
8～4月までは電照。ハウス栽培では必要に応じ加温

品種は多く，これらは以下のように区分されている。
赤ジソは葉が紫色で赤色色素をもち，青ジソは大葉（おおば）と通称され，

香りが強い。

また、それぞれには、葉に凹凸の少ない平葉型と縮れ状のちりめん型がある。

以上のほかに、カタメンジソ（ウラアカともいう）という表面が緑で裏が赤い、実ジソに適している種類がある。

■つくり方

1）畑の準備

図18-2の通りである。排水不良のところでは深めに起こす。これらの作業は、播種の半月前に行ないたい。

図18-2　畑の整え方

作業手順
①連作はとくにいやがらない。むしろ、前年のこぼれダネの発芽を利用する
②畑の整理（前作の残渣、雑草の根塊を整理）
③土改資材などの撒布（苦土石灰100g、堆肥2〜3kg/m²を入れる）
④資材を混入するように、全体を耕起する

耕起の深さは
15〜20cmほど

2）播種・育苗

直播、育苗のどちらでもよい。

播種量は、間引きを想定して多めに播く。タネにあらかじめ吸水させておくと、発芽しやすい。覆土は、乾燥さえしなければ、播種のあとに板などで軽く圧するだけでもよい（図18-3a，b）。間引きは一貫して苗同士が接触しないように適時に行ない、間引きした株は芽ジソとして利用する（図18-3c）。

本葉2葉ほどから間引き、株間距離10cmほどにしてそのまま生長を待つか、ポット（直径10cmほど）に仮移植する。

購入苗は茎が太く、葉が大きく厚ぼったく、節間の詰まったものを選ぶ。

3）施肥，畦づくり

平畦でもよいが、10cmほどの畦をつくる。施肥は、全面全層施肥とする（図18-4）。

図18-3a　育苗の仕方

①必要な苗数に見合う容器に用土（肥料，堆肥などを混入済み）を入れ，十分に灌水する

②あらかじめタネに吸水させる（一昼夜）

ガーゼにくるみ水コップへ入れる

③播種，ごく薄く覆土（タネを乾かさないため）。その後，必要に応じて灌水（表面または底面から）

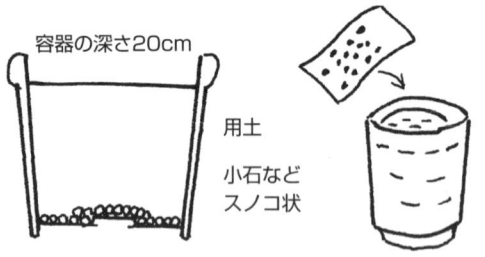

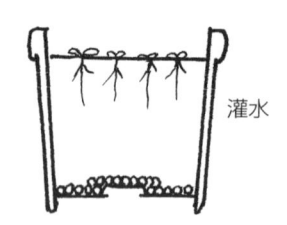

容器の深さ20cm

用土

小石などスノコ状

灌水

● 用土の資材配合（用土10ℓ，堆肥200kg，苦土石灰10gを混入。半月後の播種前に，さらに化成肥料〈3要素成分各8〜10％〉10gを混入）

図18-3b　覆土なしで発芽した

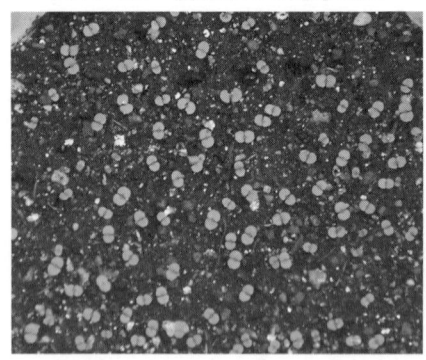

図18-3c　間引きした芽ジソ

図18-4　施肥，畦づくり

◎ 排水が良く，膨軟で，肥沃であれば，平畦の状態でよい

◎ ①肥料を全面に撒布し（化成肥料〈3要素成分各8〜10％〉なら100g／m²）
　②10cm深さに耕起し
　③十分に灌水して，右図の畦をつくる

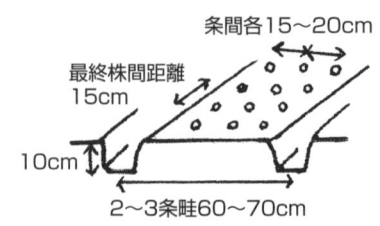

条間各15〜20cm

最終株間距離15cm

10cm

2〜3条畦60〜70cm

混みあわないように随時間引きし，食卓へ

4) 直播のやり方

図18-5のようにする。播種量は多めにし，間引き菜を利用する。

図18-5 播き方

①播き溝づくり
　板切れ（厚さ3mmほど）で15～20cm間隔に溝づくり（深さ1mm）。散播でもよい

②播種，覆土，軽い鎮圧
　1～2cm間隔で条種し，ごく薄く覆土。その後，板切れなどで軽く鎮圧

③発芽後間引きして，図18-3cのようにする

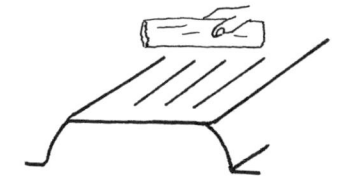

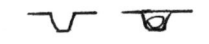

覆土の厚さ（種子が隠れる程度の厚さ）

5) 追肥，管理

　追肥は2～3週間ごとに行なう。成分はチッソ中心でよいが，1回の追肥量は化成肥料（3要素成分各8～10％）なら30～50g/1m^{2}ほどとする。スポット処理が効果的である（49ページ図7-7を参照）。過度の追肥は肥料やけをおこし，かえって減収となることがあるので，留意する。

　春と秋の短日は花芽分化しやすいので，葉の収穫には15時間以上の日照になるように電照しなければならないといわれる。しかし，乾燥と強日照を避ければ花芽分化は遅れるようである。

　土壌の乾燥は，そのまま減収に結びつくことが多いので，必要に応じた灌水を行なう。

　雑草は随時手取りする。

6) 病害虫

　込みすぎてさび病や灰色かび病などが発生することがあるので，適切な間引きや雑草除去などによって風通しをよくする。乾燥条件下のダニ，アブラムシ，ハムシ，メイガは，できるだけ早めに捕殺する。またいずれも必要に応じ農薬で対処する。

図18-6　1株でも分枝を多くすると多収にできる

7）収　穫

収穫は間引き時の芽ジソから始まって，最後のシソの実まで続く。

家庭菜園の葉の収穫は，株ごとの収穫よりも，下位葉から順次摘み取っていく方法がよい。通常，30〜40cm（本葉が8〜10枚）ほどになったら完全展開した下位葉から摘み取っていく。

1株からできるだけ多く収穫するためには，摘心をして枝分かれを活かしていく方法がよい（図18-6）。摘心はいつでもよいが，遅くとも20〜30cmほどに生長した時期までに3〜4節（本葉6〜8枚）ほどを残して芯を摘み取り，その後に生長した分枝を利用する。

■ 保存，栄養，利用

1）保存法

余った場合は，湿らせたキッチンペーパーに1〜2枚ずつ挟んでポリ袋などに入れ，冷蔵庫に入れる。積極的な保存法としては，乾燥して手で揉み，粉末にして利用する。また，10％ほどの塩水に漬けておき，塩抜きして利用する方法もある。

シソの実は，冷凍のほか，塩漬け，酢漬け，乾燥などの方法がある。

2）栄養特性

ビタミンA，B_1，B_2，B_6，C，E，K，ナイアシンなど，カリウム，カルシウム，鉄，マグネシウム，亜鉛などのミネラル類がほとんどまんべんなく含まれ，代表的な健康野菜である（巻末附表を参照）。

以上に加えて，ビタミンAになる$β$-カロテンや$α$-リノレン酸などは，視聴覚器官の調整や身体の抵抗力増進のほかに，抗酸化性，ガン予防，老化防止，動脈硬化防止などの働きをもっている。また，香りの主成分ペリルアルデヒド（シソアルデヒド）やリモネン，ピネンなども，強い抗酸化作用や防

腐効果をもち，食あたり防止や食欲を増進する。

　ポリフェノールであるシアニジン酸などの抗ヒスタミン成分類は，アトピー性皮膚炎や花粉症などのアレルギー反応を抑えるとともに，去痰・鎮咳，健胃，発汗・解熱，解毒・アルコール分解，精神安定・不眠症改善，冷え性やリウマチ改善などの効果があるといわれる。

　赤ジソと青ジソは似ているが，少し異なる。赤ジソは赤色色素アントシアン系のシソニンを含み，この色素は梅などに含まれるクエン酸と反応して赤くなり，梅干しなどに利用される。そのほかに上に述べた薬効的効果が高い。これに対し，青ジソはカロテンなど栄養成分が概して多く，香りが強く，栄養は全般的に優れている。

3）調理・利用法

　種類によって，異なる。

　赤葉ジソ：梅干しや，紅ショウガなどの漬け物の色づけに用いる。シソ巻きや乾燥したお茶用もある。

　青葉ジソ：薬味，刺身のツマや天ぷらなど，またツケミソ（図18-7b）の原料にする。

　花穂ジソ：花が3割ほど咲きかけた穂を，刺身のツマや料理のあしらいに用いる。

　穂ジソ：実が未熟な穂で，束穂ともいう。これを，刺身のツマやテンプラにしたり，手でしごいた実を酢漬け，佃煮，醤油漬けにして用いる。

　芽ジソ：本葉2枚くらいのものの地上部をいい，芽タデなどのように薬味や刺身のツマなどに用いる。赤ジソのものを紫芽（むらめ），青ジソのものを青芽（あおめ）という。

　実ジソ：成熟した実のこと。香りづけ，塩漬け，佃煮などに用いる。

図18-7a　シソ収穫のいろいろ
（岡昌二，1983）

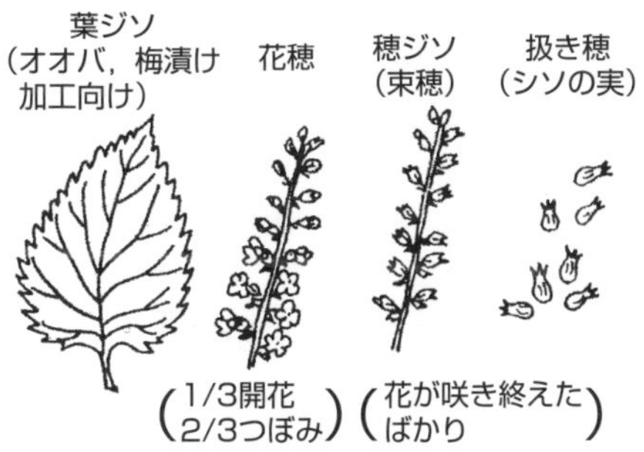

葉ジソ（オオバ，梅漬け加工向け）　花穂（1/3開花 2/3つぼみ）　穂ジソ（束穂）（花が咲き終えたばかり）　扱き穂（シソの実）

図18-7b　ツケみそのつくり方と利用

タッパーの中で練り込む
①材料は適宜でよいが，できあがりがやや緩めになるようにする
　混合例：みそ500g　ハチミツ100g
　　　　　青ジソ50〜70g（生），乾燥粉末だと10gは入る
②みそとハチミツを入れ，少しかき混ぜる
③青ジソは乾燥した粉末，または生の細切りしたものを入れ，よくかき混ぜる
④数日で利用できる
　利用は，ニガウリやキュウリのツケみそ，みそ汁，酢を加えて酢みそとしてなど

■ プランター栽培のポイント

　プランター栽培はしやすい（図18-9）。購入苗は手っ取り早いが，多めにバラ播きして，芽ジソなどの間引き菜を利用するほうがよい。

　追肥は，2週間ごとに行なう。割りばしを使ったスポット追肥がよい（49ページ図7-7を参照）。1回の追肥量は，化成肥料（3要素成分各8〜10％）なら50g/m²ほどとする。

図18-8　スポット施肥で生育が立ち直ったシソ

スポット施肥で穴をあけると古い鉢もよみがえる

　灌水は，表面が乾き始めたら十分に行なう。ときどき，底面からの給水も行なう。たびたび乾燥し，葉が垂れ下がるのが繰り返されると，花芽分化が早まるので留意する。畑でも同じ。

　春と秋の短日は花芽分化しやすいので，日照時間が15時間以上になるように明かりのある部屋などに移すと（新聞を読める程度の明るさ），長く収穫できる。

図18-9　シソのプランター栽培

- 深さ10cmでよい
- 用土（10ℓに、堆肥300gと苦土石灰10g、2週間以上後に化成肥料〈3要素成分各8～10%〉なら15～20gなど混入）
- 購入苗などを使う
- 株間距離は、15cmほど

③水やり
④苗を植え
⑤土を寄せ、軽く鎮圧
②用土入れ
①スノコ状、小石など
⑥最初の水やり
　小さい容器—水の入ったバケツなどに入れ、底面給水を行なう
　大きい容器—覆土の上から静かに灌水する

シソのこと

●原産地，呼称など

　原産地はヒマラヤ、ビルマ（ミャンマー）、中国南部。わが国には4,000～5,000年以上前の縄文時代にすでに伝わったとされる。栽培は奈良時代には始まっていた。

　シソ（紫蘇）の「蘇」は、使者をよみがらせるという意味であり、魚などの毒消しに使われていた。古くはイヌエやノラエと称されたが、このイヌはあらざるもの、ノラは野良、エはエゴマの意味で、紫蘇とはエゴマとは違うものという意味だったらしい。また、現在はチソとも別称される。

　なお、香りの主成分ペリルアルデヒド（シソアルデヒド）の甘さは砂糖の2,000倍あるが、加熱と唾液による分解が速いことと、刺激が強いことからあまり利用されていない。ただ、タバコの甘味剤としては利用されている。

　学名は*Peralla frutescens* var.*acuta*でシソ科の一年草。

●トピックス

　シソ科には世界中に約200属、4,000種類近くが知られている。シソはそのうちの1つで、シソ属に属している。シソ科にはバジルやハッカなどのハーブ、サルビアなどの観賞用草花、イブキジャコウソウなど野草として身近に利用されているものが多い。また、日本で見られるシソ属には、以下がある。

　エゴマ：これは基本種で、シソ、トラノオジソ、レモンエゴマは、その変種とする考えがある。シソよりもやや大型で、葉とタネが利用される。詳しくは「4　エゴマ」を参照。エゴマは、ゴマの仲間ではない。

　トラノオジソ：穂が長く、かすかに香気がある。本州以西から中国大陸の山地に自生する。

　レモンエゴマ：レモンのような香気があり、本州以西の山地に自生する。

19 シュンギク【キク科】

[気象] 発芽温度は10〜30℃，生育適温は15〜20℃ほどで，冷涼を好む。低温にはホウレンソウやコマツナより弱い。光を好む。
[土壌] pHは5.5〜6.5ほどがよい。土壌をあまり選ばないが，排水・保水性が良く，有機質の十分な肥沃土を好む。
[病害虫] 少ない。
[連作] 連作害はあまり出ない。
[生育の特徴] 発芽には，光も必要とする。高温・長日（5〜8月）で抽だいする。

■ 作期・作型，品種

盛夏を除けば，おおむね通年栽培できるが，春播きと秋播きが中心となる（図19-1a）。ただし，盛夏は遮光，冬季は防寒が必要である。

図19-1a 作期・作型

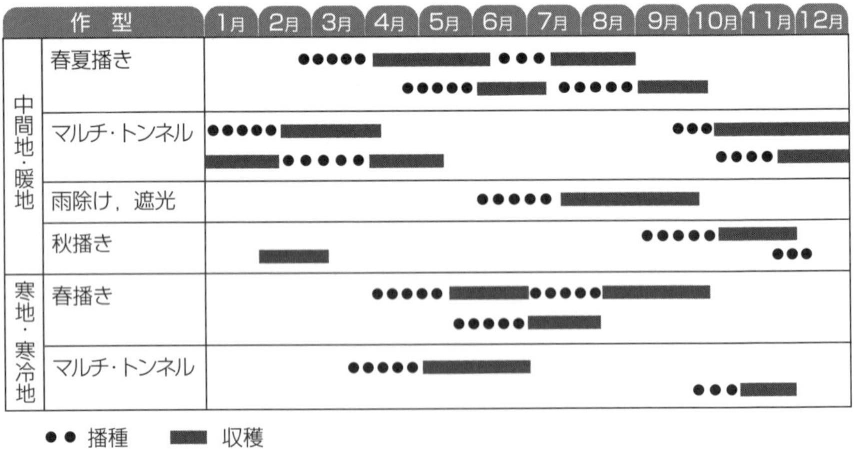

	作型	1月	2月	3月	4月	5月	6月	7月	8月	9月	10月	11月	12月
中間地・暖地	春夏播き				●●●●●	━━━━	●●●●	━━━	━━				
	マルチ・トンネル	●●●●●	━━━━━	━━━	●●●●	━━━	━━			●●●━	━━━	●●●━	━━━
	雨除け，遮光						●●●●●	━━━━	━━				
	秋播き									●●●●●	━━━━	━━━	●●●
寒地・寒冷地	春播き				●●●●●	━━━━	━━━						
						●●●●	━━━						
	マルチ・トンネル				●●●●●	━━━━					●●●━	━━━	

●● 播種　━━ 収穫

品種数は少ないが，葉の大きさにより以下の3つに大別される。
小葉系：葉は小さく，切れ込みは深く細く，分枝が少ない。寒さ暑さに強いが，とう立ちが早く，収量は低い。
中葉系：葉の大きさ，切れ込みは中位。濃緑で低温にもかなり強く，側枝

の発達がよいので摘み取りが容易で、多収である。作型、作期を問わず広く栽培され、栽培のほとんどを占める。一般に、関東では株立ち型品種（または摘み取り型）が、また関西では株張り型品種（株収穫型）が多いといわれる（図19-1b）が、それぞれの事情に応じて選べばよい。

図19-1b　株立ち型（左）と株張り型（模式図）

大葉系：葉は大きく厚肉で、切れ込みは少ない。葉数の少ない株張り型である。抽だいが遅いので、長期間摘み取りができるが、暑さ寒さに弱い。

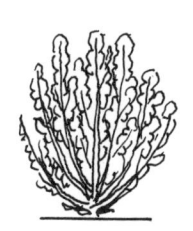

■つくり方

1）畑の準備

図19-2の通りである。これらの作業は、播種の半月前に行ないたい。豪雨で滞水しやすい地勢では排水のための溝などを準備する。

図19-2　畑の整え方

作業手順
①輪作が望ましい
②畑の整理（前作の残渣、雑草の根塊を整理）
③土改資材などの撒布（苦土石灰100～150gを必ず入れ、堆肥1～2kg/m²、そのほかに必用に応じてリン酸資材も入れる）
④資材を混入するように、全体を耕起する

耕起の深さは15cmほど

2）施肥、畦づくり、播種

排水不良の場合や、豪雨で滞水しやすい地勢の場合は、畦づくりをする。直播でよいが、移植の場合は根に十分に土をつけた状態で定植する。

3）間引き株も利用しよう

間引きは込み合わないうちに数回行なう。込み合うと徒長ぎみになる。初期の間引きは大きい株から行なう。間引き株はもちろん食卓に。作業は、残す株を傷めないようにする。

図19-3a 施肥，畦づくり，播種

◎排水が良く，膨軟で，肥沃であれば，平畦の状態でよい
◎①肥料を全面に撒布し（化成肥料〈3要素成分各8～10％〉なら100g／m²）
　②10～15cm深さに耕起し
　③十分に灌水して，右図の畦をつくる

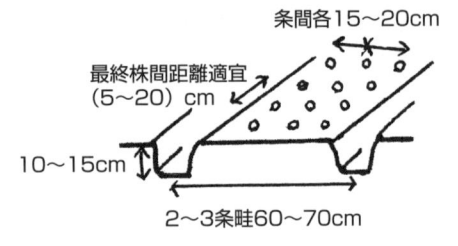

条間各15～20cm
最終株間距離適宜(5～20)cm
10～15cm
2～3条畦60～70cm

図19-3b 播種のやり方

①タネ溝づくり
　板切れ（厚さ3mmほど）で15～20cm間隔に溝をつける。散播でもよい

②播種，覆土，軽い鎮圧
　溝に1～2cm間隔で条播し，覆土する。その後，クワなどで，軽く鎮圧する

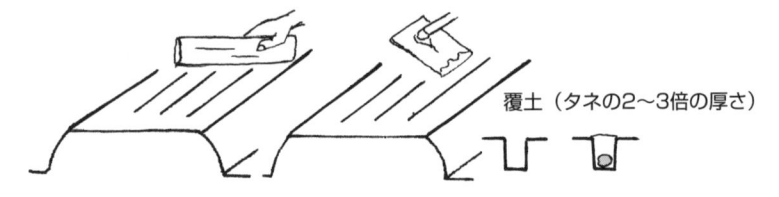

覆土（タネの2～3倍の厚さ）

4）管理，追肥

諸管理は，コマツナなどほかの葉菜類に準じる。

追肥は通常必要はないが，生育に応じて行なう。摘み取り収穫の場合は追肥の必要なことが多い。やり方は「16　コマツナ」に準じる。

培土は，株が倒伏したときに行ない，最小限にとどめる。

5）病害虫

ベト病，炭そ病，アブラムシ，ハモグリバエ，ネキリムシが発生することがある。間引きを早めに行なって込み合わないようにし，また残す株を傷めなければ致命的に発生することはない。ヨトウムシ類については「43　ホウレンソウ」（葉もの・茎もの類②）に同じ。

6）摘心と収穫

株立ち型では，摘み取り収穫を長期にわたって続けるため，草丈が20～

30cmほどになったら主枝を4〜6葉で摘心し，側枝を生長させて順次収穫する。側枝の摘み取りも側枝下部の4葉ほどを残し，二次側枝を発生させ，生長したら同じように摘み取る。これをさらに繰り返す。うまくいくと，四次側枝まで収穫できる（図19-4a，b）。最初の摘心は，早くしてもよい。

株張り型では，大きい株から順次収穫する。

図19-4a 摘み取り位置（模式図）

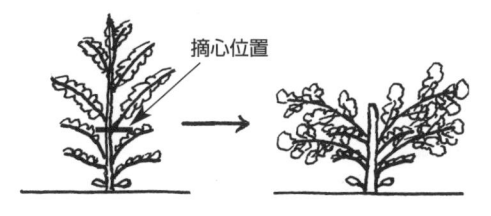

摘心位置

図19-4b 花が咲いても摘み取り収穫ができる

■ 保存，栄養，利用

1）保存法

収穫した日に使い切るのが望ましい。冷蔵庫には，切り口に水を湿らせた布または紙類を当てて袋に入れ，立てて入れる。冷凍には，固めにゆでて水を十分に切り，利用しやすいように小分けにラップする。

購入したものは，まず給水してから，調理または保存作業に入る。

2）栄養特性

全体的に，栄養価の高い部類に入る。ビタミンAを始め，ビタミンC，B_2，カリウム，カルシウム，マグネシウム，鉄分など，また食物繊維も多い（巻末附表を参照）。

抗ガン作用や免疫機能を高めるβ-カロテン含量はもっとも多い野菜の1つ。抗酸化物質のポリフェノール含量も多く，近年は新しい抗酸化物質が明らかにされている（農水省資料）。

ホウレンソウと同様，葉緑素の含量はトップクラスで，整腸作用の効果は高い。特有の香りは10以上の精油成分によるもので，自律神経に作用し，胃

腸の働きを助け咳や痰を抑える効果があるといわれる。乾燥して風呂に入れると，体を温め，肩こりや神経痛を和らげ，絞り汁の飲用は高血圧に効果があるといわれる。

3) 調理・利用法

アクはあまり強くない。

まずは鍋物に欠かせない。おひたし，和え物，炒め物，汁の実など，漬け物以外には和洋風を問わず幅広く用いられる。葉の柔らかい部分はサラダにも用いられる。

■ プランター栽培のポイント

図19-5の通りである。収穫期間を長くするには，摘み取り型品種とする。

生育中の2～3回の追肥は効果的で，スポット追肥がよい（49ページ図7-7を参照）。1回の追肥量は，化成肥料（3要素成分各8～10%）なら50～100g/m^{2}ほどとする。

管理のポイントは乾燥させないことで，表面が乾き始めたら十分に灌水する。ときどき，底面からの給水も行なう。

高温や厳寒対策には，状況に応じて置き場所を変える。

図19-5　シュンギクのプランター栽培

- 深さは，15～20cmでよい。
- 用土（10ℓに，堆肥100gと苦土石灰10g，2週間以上後に化成肥料〈3要素成分各8～10%〉なら15～20gなど混入）
- 株間距離は5～10cmほど

寒冷紗などで覆うと，乾燥しにくく，発芽が早まる

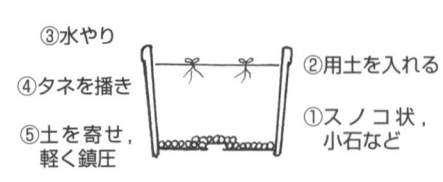

③水やり
④タネを播き
⑤土を寄せ，軽く鎮圧
②用土を入れる
①スノコ状，小石など
⑥最初の水やり
　小さい容器—水の入ったバケツなどに入れ，底面給水を行なう
　大きい容器—覆土の上から静かに灌水する

シュンギクのこと

●原産地，呼称など

　地中海沿岸で観賞用に利用されているハナゾノシュンギクが，東アジアで野菜用に改良されたものといわれる。「春菊」は，春に花が咲くことからこの名がついた。キクナ（菊菜），コウライギク，フダンギクなど，地域により多くの別称がある。食用にしているのは日本，中国，インドなど。わが国には室町時代に中国経由で伝わり，1489年にはすでに記載があるという。利用が盛んになったのは江戸時代以降である。

　学名は*Chrysanthemum coronarium* L.でキク科の一～二年草。

●トピックス

　β-カロテンには抗酸化性がある，ビタミンAはシュンギクに多い，視力に関係があるなど，よくいわれる。実は，このβ-カロテンはビタミンAの一種ないしは前駆物質なのである。このことから，β-カロテンはプロビタミンAとも呼ばれる。

　ビタミンAのもとになる物質には，カロテノイドとレチニルエステルがある。前者は野菜などの植物の中に天然色素として含まれ，また後者は肝臓など動物性食品などに含まれている。これらは人体に取り込まれるとレチノール，すなわちビタミンAとして働く。

　β-カロテンは，小腸で吸収されたあとに一部はただちにビタミンAに変化し機能する。ほかは人体の脂肪組織に蓄えられ，そのあとに必要に応じて肝臓や小腸の粘膜の中でビタミンAに変化して同じように機能する。その機能のおもなものは，人体粘膜や上皮細胞の働き（各種臓器・器官の粘膜や皮膚の健康維持など），目の光りに対する刺激力（抗夜盲症，視力維持）を向上させる働きである。

　またβ-カロテンは，摂取後からビタミンAに変わる前に，強い抗酸化作用を示す。これによって，活性酸素発生を防いで過酸化脂質や悪玉コレステロール増加を防止し，ひいてはガン，白内障，心疾患，動脈硬化，心筋梗塞・狭心症などの予防，改善の効果を発揮する。

　なお，動物性食品に含まれるレチニルエステルは，人体に入るとただちに肝臓に到達し，ビタミンAとしての働きを始めるが，必要以上のものはそのまま蓄えられるので，あまりに多いと，サプリメントの場合と同じように中毒症状が出る場合がある。

　一人一日当たりの摂取の目安は，成人男子が700～750μg（レチノール換算），成人女子が600μg（同）で，上限は3,000μg（同）とされている。また，以上のような特徴から，β-カロテンとレチニルエステルの比は2：1の割合がよいといわれている。

　こんなわけで，本書のビタミンAというのは，とくに巻末の附表では，β-カロテンをレチノール換算した値で示している。

20 スイゼンジナ(キンジソウ) 【キク科】

【気象】 発芽適温は10～20℃, 生育適温は20～25℃あたりで, 寒さ, 暑さにごく強い。半日陰を好み, 盛夏の強日射を嫌う。
【土壌】 pHは6.0～7.0あたりがよい。土質は選ばないが, 排水・保水性が良く, 有機質が多く, 肥沃な土壌を好む。乾燥に弱い。
【病害虫】 少ない。
【連作】 キク科以外の野菜の跡にする。
【生育の特徴】 葉の表面は緑, 裏面は鮮やかな赤紫色。丈は0.5～1mに達し, 繁茂性。晩秋に小さな花をつけ, わずかに結実する。発根力が強く, 繁殖は挿し木か株分けで簡単にできる。よく分岐し, 夏季間は収穫と分岐生長を繰り返すことができる。

■作期・作型, 品種

図20-1の通りである。関東中部以北および積雪地帯では露地そのままでは越冬できないので, 株を穴蔵などで保存するか, 春に発根苗を植え付ける。春と秋の作期の端の時期に防寒や防霜対策を行なうことによって収穫期を延ばすことができる。

4年目以降は株元が木質化し, 腐敗または空洞化が進むので, その場合は新株に更新する。

図20-1 作期・作型

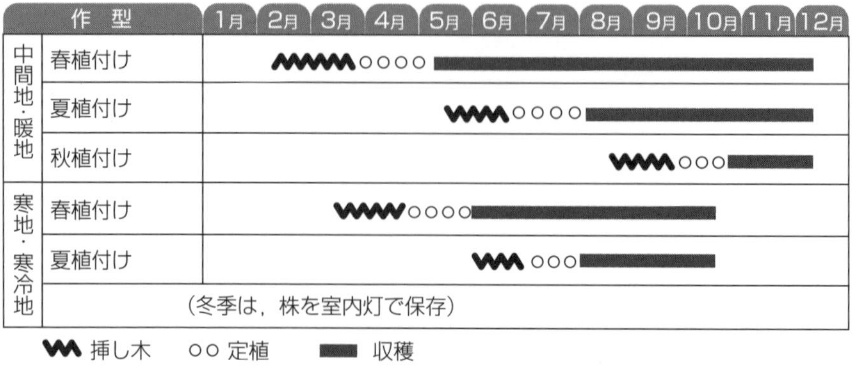

	作型	1月	2月	3月	4月	5月	6月	7月	8月	9月	10月	11月	12月
中間地・暖地	春植付け			∧∧∧∧	○○○○	━━━━	━━━━	━━━━	━━━━	━━━━	━━━━		
	夏植付け					∧∧∧	○○○○	━━━━	━━━━	━━━━	━━━━		
	秋植付け								∧∧∧	○○○	━━━━	━━━━	
寒地・寒冷地	春植付け				∧∧∧	○○○○	━━━━	━━━━	━━━━	━━━━			
	夏植付け						∧∧	○○○	━━━━	━━━━			
	(冬季は, 株を室内灯で保存)												

∧∧ 挿し木　○○ 定植　━━ 収穫

品種，系統の区分はない。

■つくり方

1）畑の準備

図20-2の通りである。一連の作業は，施肥，定植の半月前に終える。

図20-2　畑の整え方

作業手順
① 水管理のしやすい，砂質がかった場所を選ぶ
② 畑の整理（前作残渣，雑草の根塊を整理）
③ 土改資材等の撒布（苦土石灰100～150g，堆肥3kg/m²，その他を入れる）
④ 資材を混入するように，全体を耕起する

耕起の深さは15cmほど

2）育苗（挿し木）

通常は図20-3の通り発根させたものを植える。家庭菜園用では株数をたくさん必要としないので，水を入れたビンか土の入った鉢で発根させる。半日陰の高温下（25～28℃）で早く発根する。戸外では強光を避けるようにする。株分けでもよい。

図20-3　苗の発根

スイゼンジナの発根は水挿しより土中で早く，早く定植できる

3）施肥，畦づくり，植付け

肥料は全面全層施肥とし，図20-4の通りにする。株が大きく

図20-4　施肥，畦づくり，植付け

① 肥料を全面に撒布し（化成肥料〈3要素成分各8～10％〉なら，100～200g／m²）
② 10cm深さに耕起し
③ 右図の畦をつくり，土壌水分が足りなければ十分に灌水し
④ 苗を植え付ける

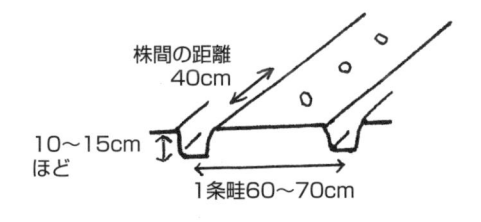

株間の距離 40cm
10～15cmほど
1条畦60～70cm

スイゼンジナ（キンジソウ）● 121

なるので，1条植えにする。

4）追肥，管理

追肥は必要に応じて行なうが，通常は月に1回ほど，中耕培土をかねて行なう。追肥量は，化成肥料（3要素成分各8～10%）なら50g/m^{2}ほどで，やり方は畦間または株間施用か，スポット施肥（49ページ図7-7を参照）にする。

土壌を乾燥させないように必要に応じ灌水し，盛夏期の強光時には遮蔽すると，生長がよくなる。

雑草は早めに除去する。

5）病害虫

春と秋のアブラムシ，ハモグリバエが多い。ヨトウムシやバッタ類のつくこともある。捕殺，農薬散布など早期対策に努める。

図20-5　ハモグリバエの喰痕

正常　ハモグリバエ　暑熱被害

6）収　穫

枝が伸びてきたら，先端の15～20cmほどの，枝がポキッと簡単に折れるところから収穫する。なかなか折れないようでは硬くなっているので，おいしくない。

夏以降，小さな花をつけることがあるが，かまわずに収穫を続ける。

一般にいわれているよりも低温に強いので，霜にさえあわなければ，かなりの低温下でも生長を続け，収穫できる。

■保存，栄養，利用

1）保存法

やはり必要に応じて収穫するのがよい。余ったものは，水を湿らせた新聞紙かラップにくるみ，冷蔵庫に立てて入れる。また，サッとゆでたあとに切って小分けにラップし，冷凍するとかなりもつ。

2）栄養特性

　ビタミンA，B_2，Cなど，またカルシウム，鉄分などのミネラル分に富み，食物繊維，葉緑素も多い（巻末附表を参照）。赤紫の色素はアントシアン。これを含めて，市販の抗酸化剤並みの抗酸化性をもっていることが，近年明らかにされている。未解明の特性が多いと思われる。

　通常の健康効果のほかに，抗ガン，貧血，頭痛，視力などの目の諸症状の予防・回復によいといわれる。

3）調理・利用法

　アクがほとんどなく，シャキシャキ感とヌメリが同居している。独特の風味もある。

　おひたし，和え物，天ぷら，沖縄のチャンプルーなどの炒め物，雑炊，サラダ，スープやみそ汁の実など。夏のおひたし，天ぷら，油の炒め物は，とにかくおいしい。

　含有成分を用いた，化粧品，製菓類，飲料も市販されている。

■プランター栽培のポイント

　図20-6aの通りである。

図20-6a　スイゼンジナのプランター栽培

- ●深さは15cmほどでよい
- ●用土（10lに，堆肥200gと苦土石灰10～15g，2週間以上後に化成肥料〈3要素成分各8～10%〉なら10～20gなど混入）
- ●株間距離は，30cmほど（1株植えなら，直径15cm以上とする）

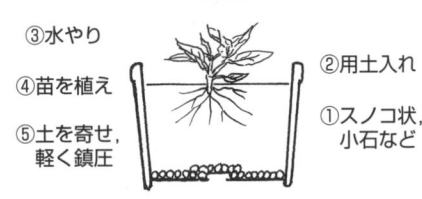

①スノコ状，小石など
②用土入れ
③水やり
④苗を植え
⑤土を寄せ，軽く鎮圧

　追肥は必要に応じて行なうが，やり方は，割りばしを使ったスポット追肥がよい（49ページ図7-7を参照）。1回の追肥量は化成肥料（3要素成分各8～10%）なら50～100g/m^2ほどとする。

　灌水は，表面が乾き始めたら十分に行なう。ときどき，底面からの給水も行なう。

図20-6b　プランター栽培のスポット施肥　　図20-6c　スポット施肥後65日目

スイゼンジナのこと

● 原産地，呼称など

　原産地は東アジアの熱帯地方といわれ，日本には中国から1759年に京都に伝播した。その後，熊本市の水前寺で長く栽培され，ゆでるとスイゼンジノリ（淡水性）に似ることからスイゼンジナ（水前寺菜）といわれ，野生化しているものもあるという。1775年頃（江戸時代）には石川県でも加賀野菜として栽培されるようになり，昭和年代にはかなり盛んになってキンジソウ（金時草）の名が附された。その意味は，葉の裏が金時豆（きんときまめ）や"金時イモの肌のように美しい"である。東南アジアでも広く栽培され，日本にも輸入されている。

　スイゼンジソウ，ハンダマ，ハルタマともいう。なお，中国では，紫背天葵，血皮菜，紅鳳菜などという。

　学名は*Gynura bicolor* L.で，キク科サンシチソウ属。暖地では常緑多年草だが，中間地以北では葉または地上部が枯れる。

● トピックス

　アサギマダラという渡りチョウがいる。羽を広げると10cm近い，薄い浅葱色のきれいで上品なチョウである。マダラチョウの多くの仲間は南に棲んでいるが，このチョウだけは北は北海道から，南は台湾，ジャワを越えてヒマラヤに至って分布し，2,000kmを超える旅をするといわれる。その行動には未解明の部分が多く，現在もマーキング法（羽根にマークする）などによって食性や行動が研究されている。

　さて，このチョウ，幼虫はガガイモ科のキジョラン，イケマなどのいずれも毒のある植物を餌とし，鳥などに食べられるのを防いでいる。そして，成虫，とくに雄の成虫はスイゼンジナ（キンジソウ）やヒヨドリ

図20-7 スイゼンジナの花とアサギマダラ

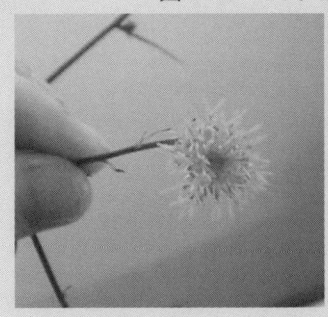

花
提供：林美央（石川県農業総合研究センター）

アサギマダラ
提供：中村秋紀（元愛媛県松山地方局産業経済部林業課）

バナの蜜や花粉を餌にしているという。これらの植物は，雌をおびき寄せる雄の性フェロモンを増やす効果をもっており，これら訪花成虫の7～8割が雄であるという。

ベランダの鉢植えしたスイゼンジナに見慣れないきれいなチョウがいたが，どうやら，アサギマダラらしい。アサギマダラを呼び寄せるために，スイゼンジナを植えることを検討している自治体もある。

21 スプラウト

■ スプラウトとは

1) スプラウトとは

スプラウトは"発芽野菜"と訳されている。発芽野菜には，基本的には，食用にできるあらゆる植物のタネの発芽からほぼ2週間以内までに育った幼植物が入るが，実際の品目は食用としての利便性や経済性などから絞られる。具体的には，タネから芽を出したばかりの発芽玄米やモヤシから，芽ジソ，ツマミナ，トウミョウまで含まれる。

2) スプラウトの区分

スプラウトは大まかに，以下の3つに区分できる。

発芽体：発芽のごく初期の状態でタネと一緒に利用するもの。発芽米，発芽玄米，麦芽，マメ類，その他がある。

モヤシ体：発芽し，軸が伸びて軟白状態で利用するもの。マメ類（ダイズ，アズキ，緑豆，ピーナッツ，アルファルファ＝ルーサンなど），アブラナ科（ダイコン，ブロッコリー，カラシナ，ルッコラ，クレス＝ランドクレス（コショウ草），キャベツ類，タデ類，シュンギク，エンサイ，ソバ，ゴマ，シソ，ヒマワリ，その他を利用したものがある。

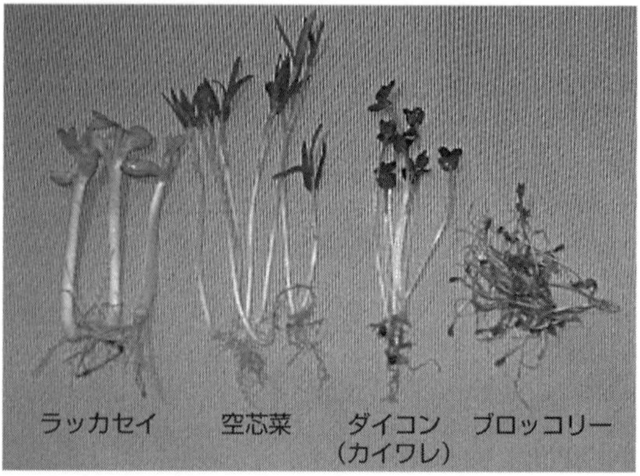

苗条体：単に軸が伸びたモヤシ状だけでなく，葉の数も少し増えた苗状になり，畑地状態でも栽培できるもの。

トウミョウ，芽ジソ，

図21-1　スプラウトのいろいろ

ラッカセイ　空芯菜　ダイコン　ブロッコリー
　　　　　　　　　（カイワレ）

ツマミナ，ソバ，その他がある。

■つくり方

1）発芽体
　容器で浸漬し，通常，常温下またはやや高めの発芽適温で半日から一昼夜でできる。

2）モヤシ体
　容器入りのセットが販売されているが，基本的にはペットボトルや使い古しのパック容器など，どんな容器でもよい。タネの入ったザルをボウルの水に入れるだけでもよい。ただ，直立型のものを得たい場合などから，モヤシ体をつくるポイントは，以下の通りである。

図21-2　モヤシ体の容器栽培（エンドウ）

①深さと広さを材料に合わせること。深さは，芽の伸びに合わせる。過度に深いと光の浸透がまちまちになる。広さは，タネが膨らむとその直径が2～3倍になるので，これを考慮した広さにする。
②できるだけ，野菜の種類に応じた発芽適温下に置く。
③水がにごらないように，交換する。

3）苗条体
　苗条体のセットも販売されているが，容器栽培の基本はモヤシ体と同じである。
　ベランダのプランターや畑地の片隅でもつくれる。やり方は図21-3の通りである。エンドウのタネからつくるトウミョウは，タネが土中に残って発芽

図21-3 トウミョウの容器栽培

- ●深さは10cm以上
- ●用土（10ℓに，堆肥100g，2週間以上後に化成肥料〈3要素成分各8〜10%〉なら10〜15gなど混入）
- ●タネを散播する

③水やり
④散播
⑤1cmほどの覆土をする
②用土入れ
①スノコ状，小石など

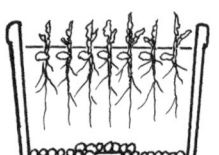

する居残り型であるので，施肥と管理をうまくすると数回の収穫ができる。芽ジソは「18　シソ」を，ツマミナは「29　ツマミナ」（葉もの・茎もの類②）の通りにする。

■ 保存，栄養，利用

1) 保存法

　容器栽培では，調理直前に培地から取り出すのがもっともよい。一定の生育に達した場合も，容器のままで低温下で保持する。

　畑地やプランターの場合はすぐ調理するのがもっともよいが，余った場合は湿らせた新聞紙などでくるんで冷蔵庫に入れ，できるだけ早く利用する。

2) 栄養特性

　鮮度が良く，タネに含まれていたミネラル分がほぼそのまま保持され，また，発芽時に生じたビタミン類や酵素などが豊富に含まれるのが，特徴である。

3) 調理・利用法

　サラダ，おひたし，和え物，スープ，汁物，炒め物，各種料理の具などに利用される。

スプラウトのこと

●原産地，呼称など

　スプラウトの語は，とくに新しいものでなく，古くから"芽を出して生長する"の意味である。この言葉が注目されたのは，1992年にアメリカのタラレーが，ブロッコリーの新芽にガンの予防効果の高いスルフォラファンの前駆物質である硫化物が，通常の食用部の何十倍も含まれていることを発見してからである。それをわが国では，従来の"モヤシ"という言葉と別にして"スプラウト"としたのである。カイワレダイコンの例があるから，カイワレブロッコリーでもよさそうだが，何ともはや……。

　こんなわけで，スプラウトは特別に新しいものではない。日本ではカイワレダイコンが平安時代から，中国では5,000年も前からいろいろなモヤシを，ヨーロッパでも航海時代から盛んにモヤシ類が食べられていたという。

　しかしながら，栄養面での特徴はやはりすばらしい。工夫して，大いに利用したい。

●トピックス

　ながら族になってテレビを見ていると，やたら料理番組が多い。素材，とくに野菜の新鮮さに関する内容も多い。そこで気になったのが，「野菜が古くなると，どんどんビタミン類やミネラルが失われていく」との先生方（司会者の場合もある）の発言である。しかも並んでいた知識人（？）がうなずいて，もっともだという顔をするのである。

　ここで何がおかしいか。それはビタミン類と，ミネラルを同列に置いていることなのである。確かにビタミン類は，収穫後の日数に伴って，減少していくことが多い。しかし，アミノ酸やある種の機能性物質は，あまり変わらなかったり，またむしろ増えていく。ミネラルについていえば，ほとんど変化しないのが原則である。

　調理上あまり気にしてはいけないが，ついでに細かくいえば，ミネラルは，同じ葉物の同じ株でも成分量は部位によって異なるのである。たとえば，マグネシウムは生育旺盛な葉や生育し始めの葉に，カルシウムや亜鉛は古い葉や生育し始めの葉に多い傾向がある。また，結球野菜のビタミンCは，外葉側と芯に近い部分に多く，その中間では少ない。

22 セ リ【セリ科】

[気象] 日陰や弱い日照を好む。耐暑,耐寒ともに強い。
[土壌] 土壌をあまり選ばないが,pHは6.0前後がよい。湿地を好み,乾燥を嫌う。
[病害虫] 少ない。
[連作] とくに影響はない。
[生育の特徴] 耐水性の強い湿性植物である。花は7～8月である。種子繁殖もするが,ランナー(ほふく枝)を伸ばし,節に根を生じて繁殖していく。

■ 作期・作型,品種

　作期は,図22-1の通りである。基本的には,秋植えすると翌春まで収穫できる。寒さと雪の期間は,ハウス・トンネルなどで保温すると,連続収穫ができる。

図22-1　作期・作型

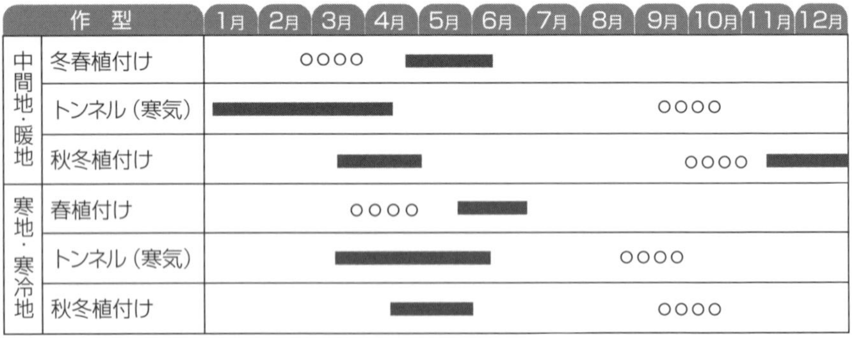

	作　型	1月	2月	3月	4月	5月	6月	7月	8月	9月	10月	11月	12月
中間地・暖地	冬春植付け			○○○○		■■■■							
	トンネル(寒気)	■■■■■■■■■■■■								○○○○			
	秋冬植付け				■■■■						○○○○	■■■■	
寒地・寒冷地	春植付け				○○○○	■■■■							
	トンネル(寒気)				■■■■■■■■				○○○○				
	秋冬植付け				■■■■■■■				○○○○				

○○ 植付け　■■ 収穫
ハウス栽培もできる

　いくつかの品種があるものの,特性に大きな違いはない。
　品種や自生種にかかわらず,生育地の違いにより水ゼリ,田ゼリ・畑ゼリがある。販売されているものには水ゼリが多く,ほかに田ゼリがある。水ゼリは最初から直立して生育し,食感が柔らかい。田ゼリや畑ゼリは,地を這

うようにランナーを伸ばして生育する傾向があり，香りが強い。

なお，観賞用品種に白や紅色の斑入り品種がある。

■つくり方

1）畑の準備

湿地を選ぶか，浅いくぼ地をつくる（図22-2）。くぼ地にするのは乾燥を防ぐためであるが，水を張ってもよい。播種の半月前に行ないたい。

図22-2　畑の整え方

作業手順
① 湿性地や水田跡がよい
② 畑の整理（前作の残渣を鋤き込み，雑草の根塊を整理）
③ 土改資材などの撒布（苦土石灰100g，堆肥2〜3kg/m²を入れる）
④ 資材を混入するように，全体を耕起する

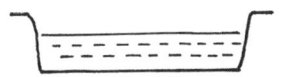

できれば，深さ5〜10cmのくぼ地をつくる。
耕起の深さは5〜10cmほど

2）苗の準備

苗の準備には3つの方法がある。家庭菜園では苗数が少なくてよいので，手軽にできる方法にする（図22-3）。

図22-3　利用できる苗

①ランナー　　②山野の採取株　　③購入した株の根株部分でもよい

大量の苗が必要な場合は，ランナーを集めて日陰に積み上げ，水をたっぷりかけて，乾燥しないように覆いをし，節から発根させて，それを用いる。

3）施肥，畦づくり，植付け

全面全層施肥とする。やり方は，キャベツに準じる（77ページ図12-4を参照）。

図22-4　施肥，畦づくり，植付け

①肥料を全面に撒布し（化成肥料〈3要素成分各8〜10%〉なら100g／m²）
②10cm深さに耕起し
③表面をレーキなどで均す
④植付け

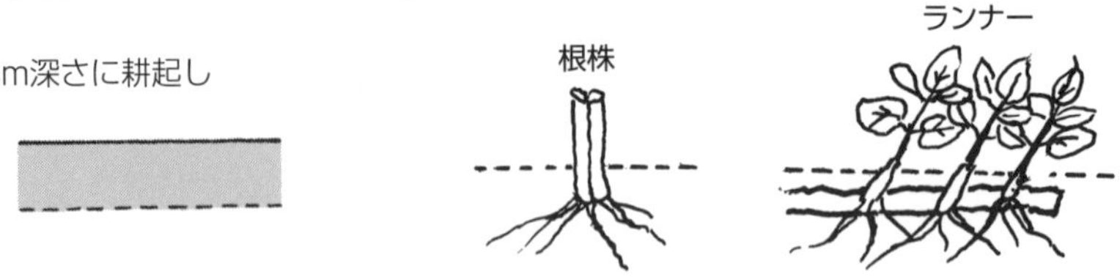

4）追肥，管理

追肥は2〜3週間ごとに行なう。成分はチッソ中心でよいが，NK化成肥料でもよい。1回の施肥量は化成肥料（3要素成分各8〜10%）なら50〜100g/m²ほどとする。やり方は，穴をあけて行なうスポット処理が効果的である（49ページ図7-7を参照）。

5）病害虫

アブラムシが発生したら，早期除去に努める。湛水状態ではボウフラの湧くことがあり，ときどき水を全面的に替えるなどする。

6）収穫

収穫には，株ごとと摘み取りの2つがある。株ごと収穫の場合には，株を根ごと抜き取り，きれいに洗って利用する。摘み取りの場合には，株元の数cmを残して収穫する。

■保存，栄養，利用

1）保存法

湿らせた新聞紙でくるみ，ラップして冷蔵庫へ入れる。
塩漬け，みそ漬け，醤油漬け，また乾燥などの方法もある。

2）栄養特性

ビタミンA（カロテン），B_2を始め，C，K，ナイアシン，葉酸など，またカリウム，カルシウム，鉄分などのミネラル類が多く含まれ，食物繊維も多い（巻末附表を参照）。

貧血防止や血行促進，解毒，血圧降下，神経痛，感冒，黄だん，不整脈抑制などに効果があるとされる。

3）調理・利用法

アクが強いので，下ゆで後に少し水にさらす。

全体は，おひたし，和え物，汁などの実，天ぷら，すき焼きなどに用いる。肉類の臭みを消す効果があり，鍋物によい。根や茎は，キンピラでおいしい。

入浴材として発汗・保温効果，冷え性防止効果があり，ミックスジュースでも同じ効果があるとされている。

■プランター栽培のポイント

プランター栽培はしやすい。容器はある程度，大きいことが望ましい。容器は，深いと灌水が楽である（図22-5a, b）。

追肥は，ほぼ2週間ごとに行なう。1回の追肥量は，化成肥料（3要素成分

図22-5a　セリのプランター栽培
- 深さは20～40cmがよい
- 用土（10ℓに，堆肥300gと苦土石灰10g，2週間以上後に化成肥料〈3要素成分各8～10%〉なら15～20gなど混入）
- 購入苗などを使う
- 株間距離は，5～10cm

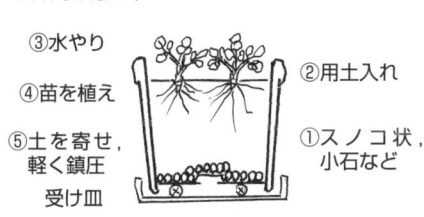

③水やり
④苗を植え
⑤土を寄せ，軽く鎮圧
　受け皿
②用土入れ
①スノコ状，小石など

◎水やりは受け皿の中に入れ，乾燥しないように灌水に留意する

図22-5b　5年目のプランター栽培

各8〜10％）なら50g/m²ほどとする。やり方は畦間または株間施用か，スポット施肥にする（49ページ図7-7を参照）。

　灌水は，表面が乾き始めたら十分に行なう。ときどき，底面からの給水も行なう。

　収穫は，必要に応じてランナーをかき取って行なう。

セリのこと

●原産地，呼称など

　原産地はわが国を含めマレーシア，インド，台湾，中国，朝鮮，サハリン，オーストラリアなどに広く分布する。わが国では全国の湿地や田んぼの畦などに自生し，古くは万葉集にも詠われた。後述のように春の七草の筆頭格。中国での栽培は古く，わが国でも平安時代から栽培されていた。現在では養液栽培やわき水を利用するハウス栽培もある。

　セリは寒さにあうと赤色がかってくるが，これはシアニジン系のアントシアンが低温ストレスで発現したもの。

　根白草，つみまし草，川菜とも別称される。また，セリの呼び名は，株元から競り合って生えることに由来するとの記載がある。

　間違いやすい毒草に「毒ゼリ」がある。茎に特徴があるので，すぐわかる（図22-6）。

　学名はOenanthe javanica L.で，セリ科の多年草。

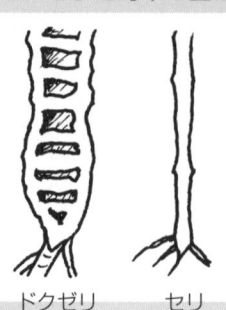

●トピックス

　セリは春の七草の筆頭格である。七草がゆの原形は中国から伝わった。

　昔は1月6日は大晦日で，7日は年の初めとされた。この日は，1年間が外敵から守られるようにお祓いし，朝には七草粥を食べ万病を払って健康に過ごせることを祈った。これは平安時代から始まった。

　七草がゆは日本の生んだすばらしい薬膳料理とされ，その根拠はほぼ以下の通りである。

　セリ：香りが食欲を増進する。栄養成分はあとで述べる通りで，その効果は，解熱，健胃整腸，鎮咳，血圧降下，貧血防止，精神安定など。

　ナズナ（ペンペングサまたは三味線草と別称）：河岸や田んぼの畦畔によく生えるアブラナ科の二年草。実のついた茎を逆さにして振ると，音がすることから別称がある。ビタ

図22-6　セリと毒草の茎の断面

ドクゼリ　　セリ

ミンA，Bや，鉄分，カルシウム，マンガンなどのミネラル分が多く，その効果は，貧血防止，血圧降下，利尿，腎臓・肝臓の機能調整，視聴覚機能や痛風の改善など。

ゴギョウまたはオギョウ（ハハコグサ）：山野や宅地周辺で黄色いブツブツの塊となった花をつけ，全体は白っぽいクモ毛のついた草姿をしている（図22-7）。タンパク質，ミネラル類に富み，キク科の二年草。その効果は，去痰，鎮咳，風邪の予防や気管支炎の改善など。

ハコベラ（ハコベ）：道ばたや宅地周辺のどこでも見られる白く小さい花を咲かせるナデシコ科の一年草。タンパク質，ビタミンB，Cや鉄分に富み，健胃整腸，利尿のほか歯槽膿漏に効果があるとされる。かつては，常食したり，全草を乾燥して炒り，これに塩を混ぜて歯磨き粉に利用したという。

ホトケノザ（コオニタビラコ）：シソ科の「ホトケノザ」とは異なる。水田の畦畔などによく生える黄色い花をつけたキク科の二年草。タンパク質やミネラル分に富み，効果は，高血圧の予防，健胃整腸，解熱，解毒，筋肉や骨の痛みやしびれの改善など。

図22-7 春の七草の1つ，ゴギョウ（ハハコグサ）

スズナ（コカブ）：アブラナ科のカブのうち，小型のもの。根部も茎葉も重視する。ジャスターゼを多く含む。その効果は，健胃整腸，利尿，便秘，精神安定など。

スズシロ（ダイコン）：アブラナ科のダイコンのうち，小型の「山田ネズミダイコン」が使われる。根部も茎葉も重視する。ビタミンA（カロテン），C，E，カルシウムなどのほか，ジャスターゼや抗酸化物質をも含んでいる。その効果は食欲増進，健胃整腸，二日酔い，利尿，神経痛，咳止めなどのほか，抗ガン効果もある。

23 セルリー【セリ科】

【気象】 発芽適温は18～20℃，生育適温は15～22℃あたりで，冷涼を好むが低温に弱い。暑さに弱く，25℃以上で生育が抑制される。強光下では横繁茂，弱光下では立ち性の生育をする。
【土壌】 pHは5.5～6.5がよく，通気，排水・保水性が良く，有機質に富む肥沃な土壌を好む。乾燥，湿害ともに弱い。
【病害虫】 いくつかある。
【連作】 3～4年はあける。
【生育の特徴】 わずかながら好光性発芽をし，発芽率は低い。生育期間が長い。根は浅根性で横張りする。花芽分化は12～13℃以下で感応し，長日で促進され抽だいする。通常，4月以降に抽だいする。

■ 作期・作型，品種

基本的には，図23-1aの通りである。図示した以外に，さらにトンネルやハウスを利用することによって，中間暖地はもとより，寒冷地の一部地域においてはほぼ周年収穫ができる。

図23-1a　作期・作型

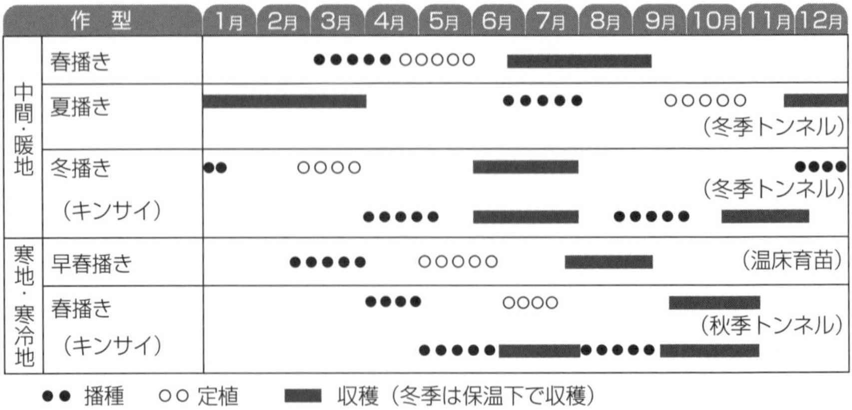

	作　型	1月	2月	3月	4月	5月	6月	7月	8月	9月	10月	11月	12月
中間・暖地	春播き			●●●●●	○○○○		■■■■■■■■■■■						
	夏播き	■■■■■■■■■■					●●●●●		○○○○				
									(冬季トンネル)				
	冬播き	●●		○○○○			■■■■						●●●●
									(冬季トンネル)				
	(キンサイ)				●●●●●				■■■■■■■				
寒地・寒冷地	早春播き			●●●●●		○○○○		■■■■■■			(温床育苗)		
	春播き				●●●●		○○○○				(秋季トンネル)		
	(キンサイ)					●●●●●■■■■■■■■■■●●●●●							

●● 播種　○○ 定植　■■ 収穫（冬季は保温下で収穫）

セルリーは，以下のように区分されている。
大型セルリー：いわゆるセルリーといわれるもので，黄色，緑色，その中

間，赤，白などいろいろの品種があり，わが国では中間が多い。本書は，これをおもに述べている。

キンサイ（芹菜）：スープセルリーのことで，いわゆる中国野菜。セルリーの近縁種で，生育期間は2ヵ月ほどで短く，葉柄が中空のものと充実したものとがある。

セルリアック：イモセルリー，ネセルリーともいう。セルリーの変種で，地下部がソフトボール大のカブ状に肥大し，食用にはその肥大部分を利用する。

そのほか，小型のホワイトセルリーやミニセルリーなどもある。

図23-1b　セルリーとホワイトセルリー（右）

■つくり方

1）畑の準備

図23-2の通りである。

これらの作業は定植の半月ほど前までに行ないたい。

図23-2　畑の整え方

作業手順
①輪作が望ましい
②畑の整理（前作の残渣，雑草の根塊を整理）
③土改資材などの撒布（苦土石灰150〜200g，堆肥4〜5kg，熔リン50g/m²，その他を入れる）（ホウ素欠乏症の出やすい地域ではホウ砂も入れる）
④資材を混入するように，全体を耕起する

耕起の深さは30cmほど

2）播種・育苗

苗移植がよい。育苗は，通常の販売目的の場合は，本葉2枚ほどのときと，さらに5枚ほどのときにポットに仮移植し，8〜10枚ほどで定植するが，家庭

セルリー ● 137

図23-3a　育苗の仕方

①必要な苗数に見合う容器に用土（肥料，堆肥などを混入済み）を入れ，十分に灌水する
②播種し，5mmほどの浅い覆土をし，発芽まで覆いをする
③乾燥気味にして，必要に応じ灌水する（表面または底面から）
④間引きしながら本葉3〜5枚まで育てる。（株間距離5〜10cmほど）
⑤仮移植前に土切りをする

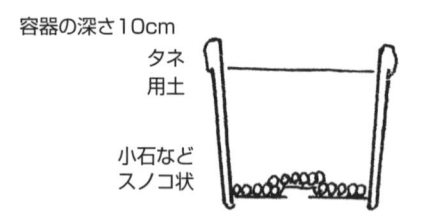

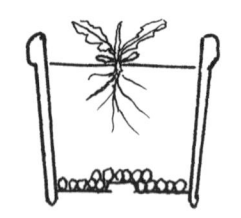

容器の深さ10cm
タネ
用土

小石など
スノコ状

●用土の資材配合（用土10ℓ，堆肥200g，苦土石灰10g，その他を混入。半月ほどおいて，化成肥料〈3要素成分各8〜10%〉なら10gを混入）

図23-3b　仮移植の方法

●直径が10cmほどの鉢に仮移植する
①土切りした本葉4〜5枚の苗を植える
②隙間に播種床と同じ内容の土を入れる
③灌水する
④ときどき土が乾かないように灌水する
⑤本葉8枚ほどで移植する

◎2回仮移植の場合は，1回目は本葉2枚ほどのときに，直径5cmの鉢か平箱の鉢に移植する。そして，本葉4〜5枚のときに，上の方法に移る

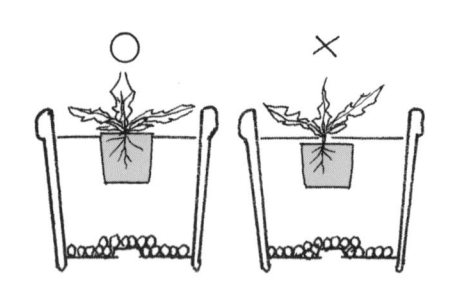

　菜園では1回の仮移植にとどめる（図23-3a，b）。
　高温期の育苗は，遮蔽などによる遮光，遮熱に努める。
　苗を購入するときは草丈の長さでなく，葉柄が頑丈で葉が生き生きし，茎がグラグラ動かないものを選ぶ。

3）施肥，畦づくり，植付け

　通常は全面全層施肥し，反転耕起して肥料を鋤き込み，畦をつくる（図23-4）。排水不良地ではさらに高畦とする。
　キンサイの場合は，畦間および株間ともに20〜30cmと狭くする。

図23-4 施肥・畦づくり，植付け

①肥料を全面に撒布し（化成肥料〈3要素成分各8～10%〉なら，100g／m²），
②15cm深さに耕起し
③右図の畦をつくり，土壌水分が足りなければ十分に灌水し
④水がなじんだら，苗（本葉8～10枚）を植え付ける

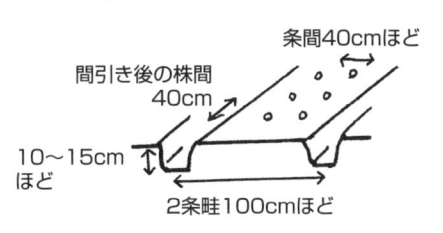

条間40cmほど
間引き後の株間 40cm
10～15cmほど
2条畦100cmほど

4) 追肥，管理

　各生育時期の気温を，気象条件で述べた生育適温に照らし，遮光・遮熱，保温などの適切な対策をとる。

　肥料切れすると品質・生育量ともに低下しやすいので，追肥は1ヵ月に1～2回，適度の中耕・培土をかねて行なう。追肥量は，化成肥料（3要素成分各8～10%）なら，1回に50～80g／m²を施す。やり方は畦間または株間施用か，スポット施肥（49ページ図7-7を参照）にする。

　夏季は，とくに乾燥させないように灌水に留意する。

　生育の盛期になると出てくるわき芽は，5cmほどのときに，古い葉とともにかき取る。

　真夏の強光時には遮光する。軟白は，茎部を新聞紙などで囲うと簡単にできる。

　雑草は随時手取りする。

5) 病害虫

　葉枯れ病，斑点病，ウイルス病，軟腐病，またアブラムシ，ヨトウ類などが発生する。とくにアブラムシは，ウイルス病を伝播するので，必要に応じて早期捕殺，防虫ネットの設置，適切な農薬散布をする。

　また生理障害として，石灰，苦土，ホウ素などの要素欠乏が出やすいので，施肥にあたっては十分に留意する。

6) 収　穫

　通常は，株全体を地ぎわで切って収穫するが，家庭菜園では外葉から順次かき取っていくと，長く収穫できる。その場合，いつも8～10枚くらいの葉

は残すようにする。

　寒さに強いので，秋季の霜に当たらないように被覆してやると，かき取り収穫をより長く続けられる。

■ 保存，栄養，利用

1) 保存法

　必要に応じて収穫するのがよい。余ったものは，湿らせた新聞紙かラップにくるんで，冷蔵庫に立てて入れる。

2) 栄養特性

　栄養的には，各要素をまんべんなく含むが，カリウムを多く含む（巻末附表を参照）。これがナトリウムの排泄を促し，血圧降下に効果がある。ビタミンやミネラル類は葉に多く，またビタミンAは緑色部に，ビタミンCは葉柄や黄色部に多い。

　特有の香りはセダノリッドやセネリンなどの精油によるもので，精神安定に効果があるといわれる。

　以上のほかに，リウマチ・神経痛，浄血・補血，疲労回復，美肌などの効果があるとされる。

3) 調理・利用法

　調理上のポイントは香りとシャキシャキ感を活かすことにあるが，香りにより肉などの臭い消しにも活かせる。

　セルリー：サラダ，スープや汁の実，炒め物，ぬか漬けなどの漬け物など。
　キンサイ（芹菜）：スープや汁の実，炒め物，サラダなど。
　セルリアック：皮を剥いてサラダ，スープやシチューの実など。

■ プランター栽培のポイント

　図23-5のようにする。肥料と水を切らさないことである。

　生育中には，2週間ごとにスポット追肥を行なう（図7-7を参照）。1回の追肥量は，化成肥料（3要素成分各8〜10%）なら50〜100g/m²ほどとする。

　灌水は，表面が乾く前に十分に行なう。ときどき，底面からの給水も行なう。

図23-5 セルリーのプランター栽培

- 深さは15cm以上。1個体植えでは，直径30cmほどでもよい
- 用土（10ℓに，堆肥400gと苦土石灰15g，2週間以上後に化成肥料〈3要素成分各8～10%〉なら20～30gなど混入）
- 複数株の株植えでは，最終の株間距離は40cmとする
- 直播の場合は，多めに播き，間引き菜を利用しながら最終株間にする

③水やり
④苗を植え
⑤土を寄せ，軽く鎮圧
②用土入れ
①スノコ状，小石など

セルリーのこと

●原産地，呼称など

原産地は地中海沿岸と推定されている。自生種はヨーロッパから中近東，インドにまたがる冷涼で石灰分の多い山岳地帯に生えている。ギリシャやローマでは，これらを整腸や強壮の薬草，ハーブ，香料として利用していた。また，その強臭などの特徴から魔よけなどにも用いられた。16世紀に入ると栽培が始まり，北欧，ヨーロッパ，アメリカ大陸，そのほかに広まった。

日本へは，豊臣秀吉の朝鮮出兵のときに加藤清正がそのタネを持ち帰ったといわれるが，野菜としての栽培は1866年（慶応2年）の神奈川県において始まった。しかしやはりその強臭ゆえに広まらず，その後のいくたびかの導入でもしばらくは普及しなかった。それが，第二次大戦後，洋風料理の利用とともに増加し，現在はなじみの野菜となっている。和名はオランダミツバといい，白セリ，セロリとも別称される。

学名は*Apium graveolens* L.で，セリ科オランダミツバ属の一～二年草。*Apium*は水分に富む（湿性の），*graveolens*は強いにおいを意味する。

●トピックス

セルリーの乾燥種子は19世紀からリューマチ，利尿剤，鎮静剤などとして用いられていたらしい。このタネには2%ほどの精油が含まれ，そのほとんどを占めるのがリモネンである。

リモネンといえば，オレンジ，レモンなど，柑橘類の皮に含まれるガン予防成分で知られている。リモネンはガン細胞の増殖を抑制するとともに，ガン細胞の死を誘導するのである。ラットでの発ガン実験では，乳腺，皮膚，肝臓，肺，胃などで予防効果が見られ，また乳ガンや膵臓ガンなどのガン細胞を小さくする効果があるという。

また，リモネンは唾液や胃液の分泌を高めて消化吸収を促進し，食欲を高め，副作用もほとんどない。ミカン類は果肉と果皮を一緒に食べる工夫をする必要がありそうである。いつの間にか，ミカンの宣伝になってしまった。

24 タアサイ【アブラナ科】

【気象】発芽と生育はともに10〜25℃あたりが適当で，寒さにごく強く，暑さにも割合強い。半日陰を好む。
【土壌】pHは6.0〜6.5あたりがよい。土壌は，排水・保水性が良く，肥沃な壌土または植壌土がよい。
【病害虫】病害はあまりないが，害虫が発生する。
【連作】通常2年間は害は少ない。3年目は，アブラナ科以外の野菜跡とする。
【生育の特徴】花芽分化は幼苗期の低温感応でおこり，抽だいは高温，長日で促進される。高温下ではハクサイと同じように立ち型になるが，低温下では地表を這うように葉が開いて（ロゼット状）生長する（図24-1b）。

■ 作期・作型，品種

図24-1aの通りである。また，夏季の遮光や雨除け，早春・晩秋・冬季のトンネルなどの保温によって作期を拡大でき，周年栽培も可能である。

図24-1a 作期・作型

	作型	1月	2月	3月	4月	5月	6月	7月	8月	9月	10月	11月	12月
中間・暖地	春播き			●●●●	▬▬▬▬▬▬▬▬								
	秋播き	▬▬▬▬▬▬▬							●●●●●●●	▬▬▬▬▬▬			
寒地・寒冷地	春播き				●●●●	▬▬▬▬▬▬							
	秋播き			(▬▬▬▬▬▬▬▬▬▬)				●●●●	▬▬▬▬▬▬				

●● 播種　▬ 収穫　(▬) トンネル

図24-1b 播き時期によって，形が変わる

寒冷期収穫　　　温暖期収穫

品種はあまりなく，タアサイ，タアツァイ，ターサイなどの名称のタネを用いるとよい。品種よりも，播き時期によって生育が異なるので（図24-1b），条間や株間は播き時期によって変える。

■つくり方

1) 畑の準備

図24-2の通りである。一連の作業は，施肥，播種の半月前に行ないたい。

図24-2　畑の整え方

作業手順
① 水管理のしやすい，砂質がかった場所を選ぶ
② 畑の整理（前作残渣，雑草の根塊を整理）
③ 土改資材などの撒布（苦土石灰100～150g，堆肥2～3kg，熔リン30g/m²，その他を入れる）
④ 資材を混入するように，全体を耕起する

耕起の深さは25cmほど

2) 施肥，畦づくり，播種

肥料は全面全層施肥とし，図24-3の通りにする。多めに播種し，間引き菜を利用しながら，生長をはかる。

育苗して定植する方法を用いてもよい。「36　ハクサイ」（葉もの・茎もの類②）を参照。

図24-3　施肥，畦づくり，植付け

① 肥料を全面に撒布し（化成肥料〈3要素成分各8～10％〉なら，100g/m²）
② 10cm深さに耕起し
③ 右図の畦をつくり，土壌水分が足りなければ十分に灌水し
④ 1ヵ所に3～5粒を1cm間隔で播き（あとで間引いて1株1本に）
⑤ タネを隠す程度に覆土，板切れなどで軽く鎮圧

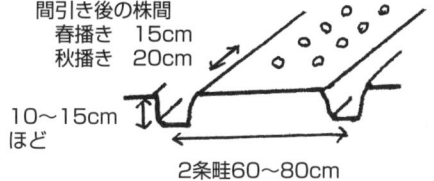

条間，春播き20cm，秋播き30cm
間引き後の株間
　春播き　15cm
　秋播き　20cm
10～15cmほど
2条畦60～80cm

3) 追肥，管理

間引きは隣接する株の葉が触れ合わないように早めに行ない，最終間引きは4

〜5葉期までに終える。間引きは引き抜かないで，地ぎわでちぎるか刃物で切る。
　第1回目の追肥は，最後の間引き後に軽い中耕培土をかねて行なう。追肥量は，化成肥料（3要素成分各8〜10%）なら50g/m^{2}で，やり方は畦間または株間施用か，スポット施肥（49ページ図7-7を参照）にする。以後は，必要に応じて1回ほど行なう。雑草は早めに除去する。

4）病害虫
　キスジノミハムシ，アブラムシ，コナガ，ヨトウムシなどが発生するので，捕殺，農薬散布など早期対策に努める。

5）収　穫
　春播きではとう立ちするので，丈が15cmほどで収穫する。秋播きでは株の直径が20cmを超えたら収穫できるが，寒さ，とくに霜に数回あてると甘味のある大株が収穫できる。
　なお，収穫は葉を必要に応じて1枚ずつかき取り，最後に株全体を収穫するという方法でもよい。

■保存，栄養，利用

1）保存法
　濃緑ではあるが，わりと鮮度が落ちやすいので，やはり必要に応じて収穫するのがよい。余ったものは，湿らせた新聞紙かラップにくるみ，冷蔵庫に入れる。

2）栄養特性
　ビタミンA，B$_1$，B$_2$，C，葉酸など，またカリウム，カルシウム，鉄分などのミネラル分が多く含まれ，食物繊維もかなり含まれる。この栄養も，緑黄色野菜のトップクラスである。
　したがって，血液造成と浄化，血圧降下，骨組織の維持強化，消化器官の清浄作用などのほか，抗ガン作用などの効果もあるとされる。

3）調理・利用法
　素材としての特徴は，鮮やかな濃緑色で甘味があり，クセがなく，歯触り

よく，火の通りがよく，煮くずれしないことである。油炒め，おひたし，汁の実，煮物類，浅漬け，肉・魚介類のつけ合わせなど。

■プランター栽培のポイント

図24-4の通りである。

図24-4　タアサイのプランター栽培

- 深さは15cmほどでよい
- 用土（10ℓに，堆肥200gと苦土石灰10～15g，2週間以上後に化成肥料〈3要素成分各8～10%〉なら10～20gなど混入）
- 最終株間距離は，春播き15cmほど，秋播き20cmほど

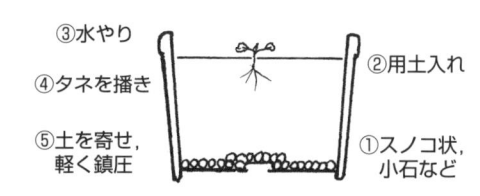

③水やり
④タネを播く
⑤土を寄せ，軽く鎮圧
②用土入れ
①スノコ状，小石など

追肥は必要に応じて行なうが，やり方は，割りばしを使ったスポット追肥がよい（図7-7を参照）。1回の追肥量は，化成肥料（3要素成分各8～10%）なら50～80g/m²ほどとする。

灌水は，表面が乾き始めたら十分に行なう。ときどき，底面からの給水も行なう。

タアサイのこと

●原産地，呼称など

中国華中が原産地。現在はタアサイ，タアツァイ，ターサイとも書かれる。中国語の意味は"つぶれたように生育する葉物"である。また葉色のあまりに濃いことから，黒ハクサイともいう。漬け菜類に分類される。

わが国には1934年に導入されたが，あまり普及しなかった。それが1972年の田中角栄・周恩来による日中国交回復を機にタアサイの名でふたたび導入され，現在は栽培が徐々に増えている。

2月が旬であるから如月菜，葉が杓子状になっているからシャクシナ，雪の中でも葉が縮みながら生育することからチヂミユキナとも別称される。ほかに瓢児菜，瓢菜，唐菜などなどたくさんある。

学名は*Brassica campestris* L.var.*narinosa*で，パクチョイの変種。アブラナ科アブラナ属の一～二年草。

25 タカナ【アブラナ科】

[特徴]
ほぼ,「9 カラシナ」に同じであるが,カラシナよりも温暖気候を好み,全国で栽培できる。

■作期・作型,品種

図25-1の通りであるが,春播きは抽だいが早まるので留意する。また晩秋から早春にかけての時期は,トンネルなどで保温すると収穫期間を長くできる。

図25-1 作期・作型

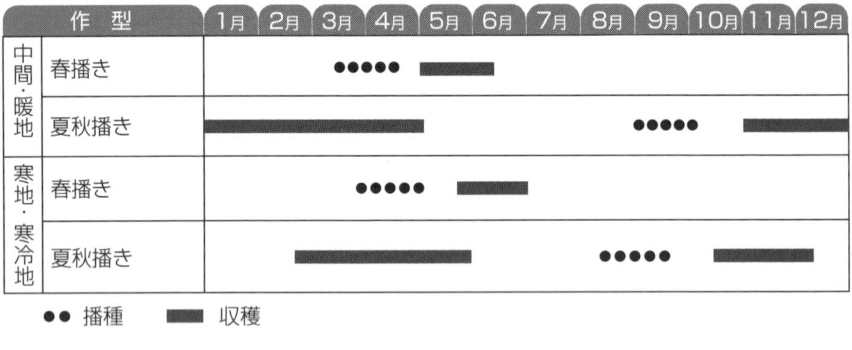

作型		1月	2月	3月	4月	5月	6月	7月	8月	9月	10月	11月	12月
中間・暖地	春播き				●●●●●	━━━							
	夏秋播き	━━━━━━━━━━━━━								●●●●●		━━━	
寒地・寒冷地	春播き				●●●●●		━━						
	夏秋播き				━━━━━━				●●●●●		━━		

●● 播種　　━━ 収穫

多くの品種がある。いずれもカラシナに比べ大型である。地方品種を含めて,それぞれの地域で重視されている品種を選ぶ。

緑色系,紫系(アントシアニン色素の発現),ちりめん系,コブ系,また結球型もある。

■つくり方

1) 畑の準備

図25-2の通りである。

これらの作業は,播種の半月ほど前までに行ないたい。

図25-2　畑の整え方

作業手順
①できるだけほかの作物の跡にする
②畑の整理（前作の残渣，雑草の根塊を整理）
③土改資材などの撒布（苦土石灰100～150g，堆肥2kg/m²，その他）
④資材を混入するように，全体を耕起する

耕起の深さは15～20cmほど

2）施肥，畦づくり，播種

「9　カラシナ」を参照する。

3）間引き，追肥，管理

「9　カラシナ」に準じる。ただし，夏秋播きでは大株となるので，仕上げの本葉5～6枚時の株間距離は，30～40cmほどにする。

追肥は，最後の間引き後に軽い中耕培土をかねて行なう。追肥量，化成肥料（3要素成分各8～10％）なら30～50g/m²で，やり方は畦間または株間施用か，スポット施肥（49ページ図7-7を参照）にする。

越冬中の株は，葉が地べたにつくので，霜にあたらないように，株元に土を寄せて葉を少し起きあがらせるか，被覆して保温する（図25-3）。

図25-3　霜から守る

土寄せ　　　　トンネル

4）病害虫

アブラムシやコナガの発生することがある。必要に応じて，適正に農薬を散布する。

5）収　穫

必要に応じて，下位の葉からかいて収穫していく。春のとう立ち始めには

全株を収穫する。少し置いて，蕾時の花茎，花の開き始めのナバナとしても利用できる。

■ 保存，栄養，利用

1) 保存法

「9　カラシナ」を参照する。

2) 栄養特性

「9　カラシナ」を参照する。

生の状態では，ミネラルおよびビタミン類はカラシナよりやや少ないが（巻末附表を参照），タカナ漬けの栄養はカラシナの塩漬けに劣らない。

3) 調理・利用法

アクが強いことに留意。

漬け物，煮物，油炒め，汁物などに用いられるが，タカナ漬け類がもっとも多い。またタカナ漬けを使った炒め物，チャーハン，メシ類，寿司，弁当など，各地に名物となっているものがある。

■ プランター栽培のポイント

図25-4の通りである。

散播し，間引きしながら，間引き菜を利用する。

追肥は，収穫後と，状況によって収穫前に1回ほどスポット施肥で行なう（49ページ図7-7を参照）。1回の追肥量は，化成肥料（3要素成分各8〜10%）なら30〜50g/m²ほどとする。

灌水は，表面が乾き始めたら十分に行なう。ときどき，底面からの給水も

図25-4　タカナのプランター栽培

- 深さは，15〜20cmでよい
- 用土（10lに，堆肥300gと苦土石灰10g，2週間以上後に化成肥料〈3要素成分各8〜10%〉なら30〜50gなど混入）
- 間引きながら，最終株間距離は30cmほどにする

③水やり
④播種し，覆土（5〜10mm）
⑤軽く鎮圧
②用土を入れる
①スノコ状，小石など

行なう。

　強日射や高温を嫌うので，建物の北側や樹陰下とし，西日や建物の照り返しのあるところを避ける。霜にあったあとは灌水を少なくし，追肥はしない。

タカナのこと

●原産地，呼称など

　原産地は中央アジアで，中国南部で分化したといわれる。

　わが国には，9世紀末にはすでに渡来していたといわれ，「太加奈」（たかな）と呼称されている。江戸時代半ばにはすでに定着したとみられている。

　現在は，川越菜，広島紫高菜，かつお菜（福岡），長崎高菜，青葉高菜，阿蘇高菜，鹿島高菜，福井高菜，島高菜（沖縄）などがあり，西日本での栽培が多い。また，多肉系のものは明治時代半ば以降に導入され，山形青菜（せいさい），芭蕉菜，紀伊高菜，三池高菜，その他がある。

　香川県の名物タカナ「マンバ」は，かつお菜と三池高菜の地方名。このマンバは，葉が次々と採れることから，万葉（マンバ），千葉（センバ），百貫（ヒャッカン），ヒャッカとも別称されている。冬の名物鍋「まんばのけんちゃん」の主役で，豆腐，油揚げとともに，サラダ油と調味料で仕上げる。

　学名は*Brassica juncea* L. var. *integlifolia* で，アブラナ科アブラナ属の一～二年草。カラシナの変種である。

●トピックス

　「日本三大ツケナ」という言葉がある。タカナ，ノザワナ，およびヒロシマナの3つを指している。タカナでは多肉系の三池高菜（福岡）が代表であるが，これは明治時代に中国から導入された青菜に，佐賀県在来の紫高菜が交雑され，それがもとになって生まれたカラシナに近い野菜。ノザワナは京都から持参された「天王寺蕪」と在来の菜類の交雑から選ばれた，カブ菜の一種。そしてヒロシマナも，もとは京都から持参された「観音寺白菜」と在来の菜類の交雑から選ばれた，白菜系の野菜である。

　なお，「日本三大ツケナ」として，タカナの代わりにキョウナを入れた記載もある。

附表：本書で取り上げたおもな野菜の成分（可食

栄養\種類	水分	エネルギー	たんぱく質	脂質	炭水化物	灰分	カルシウム	リン	鉄
	g	kcal	g	g	g	g	mg	mg	mg
アサツキゆで	87	39	4.2	0.3	7.3	0.9	21	85	0.7
アシタバゆで	90	31	2.9	0.1	6.6	0.9	58	51	0.5
アスパラガスゆで	92	24	2.6	0.1	4.6	0.7	19	61	0.6
エゴマ①	-	-	-	-	-	-	390	-	16.4
エンサイゆで	93	21	2.2	0.1	4.1	1.0	90	40	1.0
エンダイブ生	95	15	1.2	0.2	2.9	0.9	51	30	0.5
オカヒジキゆで	93	17	1.2	0.1	3.8	1.6	150	34	0.9
カラシナ生	90	26	3.3	0.1	4.7	1.3	140	72	2.2
カリフラワーゆで	92	26	2.7	0.1	5.1	0.6	23	37	0.7
キクゆで	96	23	1.0	0.0	5.7	0.4	16	20	0.5
キャベツ生	93	23	1.3	0.2	5.2	0.5	43	27	0.3
ゆで	94	20	0.9	0.2	4.6	0.3	40	20	0.2
クレソン生	94	15	2.1	0.1	2.5	1.1	110	57	1.1
ケール生	90	28	2.1	0.4	5.6	1.5	220	45	0.8
コマツナゆで	94	15	1.6	0.1	3.0	1.0	150	46	2.1
シソ生	87	37	3.9	0.1	7.5	1.7	230	70	1.7
シュンギクゆで	91	27	2.7	0.5	4.5	1.0	120	44	1.2
スイゼンジナ葉生②	92	-	2.3	0.3	-	-	160	48	1.3
セリゆで	94	18	2.1	0.1	3.4	0.8	38	40	1.3
セルリー生	95	15	1.0	0.1	3.2	1.0	39	39	0.2
タアサイゆで	95	13	1.1	0.2	2.3	0.9	110	43	0.6
タカナ（高菜漬け）	84	33	2.8	0.2	7.0	6.5	150	43	2.1

注）①愛知農総試研報（吉村幸江，伊藤茂），2003。在来品種
②石川県立大学（榎本俊樹），石川県工業試験場（道畠俊英），石川県農業総合研究

部 100g 当たり，『五訂日本食品標準成分表』から）

機質			ビタミン							食物繊維
マグネシウム	カリウム	亜鉛	A レチノール当量	B₁	B₂	C	葉酸	パントテン酸	ナイアシン	
mg	mg	mg	μg	mg	mg	mg	μg	mg	mg	g
17	330	0.8	120	0.17	0.16	27	200	0.55	0.7	3.3
20	390	0.3	870	0.07	0.16	23	75	0.45	0.8	5.3
12	260	0.6	61	0.14	0.14	16	180	0.54	1.1	2.1
230	590	-	14	-	-	Tr	-	-	-	-
20	270	0.3	640	0.06	0.10	6	55	0.30	0.6	3.4
19	270	0.4	280	0.06	0.08	7	90	0.16	0.3	2.2
48	510	0.6	530	0.04	0.10	15	85	0.22	0.4	2.7
21	620	0.9	460	0.12	0.27	64	310	0.32	1.2	3.7
13	220	0.4	3	0.05	0.05	53	88	0.84	0.2	3.2
9	140	0.2	10	0.06	0.07	5	40	0.15	0.2	2.9
14	200	0.2	8	0.04	0.03	41	78	0.22	0.2	1.8
9	92	0.1	10	0.02	0.01	17	48	0.11	0.1	2.0
13	330	0.2	450	0.10	0.20	26	150	0.30	0.5	2.5
44	420	0.3	480	0.06	0.15	81	120	0.31	0.9	3.7
14	140	0.3	520	0.04	0.06	21	86	0.23	0.3	2.4
70	500	1.3	1800	0.13	0.34	26	110	1.00	1.0	7.3
24	270	0.2	880	0.05	0.08	5	100	0.13	0.4	3.7
-	355	1.1	(1412)	0.06	0.14	42	-	-	1.4	-
19	190	0.2	290	0.02	0.06	10	61	0.32	0.6	2.8
9	410	0.2	7	0.03	0.03	7	29	0.26	0.0	1.5
18	320	0.4	400	0.02	0.03	14	42	0.09	0.4	2.1
20	450	0.4	600	0.07	0.14	30	81	0.25	0.5	5.2

センター（林美央）による。（　）はカロテン

索　引

\<あ\>
青ジソ …………………………106
青汁……………………………16, 91
青葉ジソ ………………………111
赤ジソ …………………………106
赤葉ジソ ………………………111
アク抜き法 ……………………87
アサギマダラ …………………124
アサツキ ………………………6
アシタグサ ……………………17
アシタバ ………………………12
アスパラガス …………………18
アスパラギン酸 ………………24
α-リノレン酸含量 ……………30
アンディーブ …………………42
印旛沼 …………………………37
えぐ味 …………………………86
エゴマ …………………………26
エンサイ（エンツァイ）………32
エンダイブ ……………………38
オカノリ ………………………44
オカヒジキ ……………………50
オカミルナ ……………………54
オランダガラシ ………………86
オランダキジカクシ …………24
オランダミツバ ………………141

\<か\>
カタメンジソ …………………107
花蕾の仕上げ法 ………………65
カラシ …………………………61
カラシナ ………………………56
カリフラワー …………………62
カルコン類 ……………………15
カロテノイド類 ………………31
寒締め栽培 ……………………96
寒玉 ……………………………75
カンラン ………………………81
黄ガラシ ………………………56
キク ……………………………68

菊酒 ……………………………73
菊の節句 ………………………73
如月菜 …………………………145
ギャバ …………………………54
キャベツ ………………………74
キンサイ ………………………137
キンジソウ ……………………120
空芯菜 …………………………37
クマリン類 ……………………15
クレソン ………………………82
黒ガラシ ………………………61
ケール …………………………88
コウサイタイ …………………92
抗酸化性 …………………31, 85
ゴギョウ ………………………135
コショウ草 ……………………86
コマツナ ………………………96

\<さ\>
ザーサイ ………………………57
サイシン ………………………102
ザウワークラウト ………80, 81
サボイキャベツ ………………75
シアニジン酸 …………………111
シソ ……………………………106
シソアルデヒド ……110, 113
シソニン ………………………111
渋味 ……………………………86
シャクシナ ……………………145
ジュウネン汁 …………………29
シュンギク ……………………114
食品の新鮮さ …………………54
白ガラシ ………………………61
白セリ …………………………141
水質浄化栽培 …………………37
スイゼンジナ …………………120
スーパースイートコーン ……55
スズシロ ………………………135
スズナ …………………………135
スプラウト ……………126, 129

スポット施肥 …………………48	春の七草 …………………134
スルフォラファン ………………129	ハンダマ …………………124
セリ ………………………130	ヒジキ ……………………54
セルリアック ……………………137	ビタミンA…………………119
セルリー …………………136	ビタミンU…………………79
<た>	ビタミン類 …………………31
タアサイ …………………142	苗条体 ……………………126
タカナ ……………………146	ヒロシマナ …………………149
玉菜 ………………………81	ベーター（β）カロテン ………24，119
チオシアン酸塩 …………………67	ベニバナ …………………95
チヂミユキナ ……………………145	べんり菜 ……………97，101
ちりめん（縮緬）キャベツ ………75	干しギク …………………71
ツケみそ …………………112	穂ジソ ……………………111
ツリーケール ……………………88	ホトケノザ …………………135
ドクゼリ …………………134	ポリフェノール類 …………31
<な>	<ま>
ナズナ ……………………134	丸玉 ………………………75
七草がゆ …………………134	マンバ ……………………149
軟白 ……………………40，65，139	ミルナ ……………………54
軟白栽培 …………………18	紫キャベツ …………………75
苦味 ………………………86	芽ジソ ……………………111
日本三大ツケナ …………149	モヤシ体 …………………126
ノザワナ …………………149	<や>
<は>	野菜の新鮮さ ……………129
葉ガラシ …………………56	野菜の分類 ………………11
ハコベラ …………………135	ユサイシン …………………105
ハゴロモカンラン …………91	ヨロイグサ …………………12
発芽体 ……………………126	<ら>
パップーン …………………37	リモネン …………………141
はなっこりー ………………105	緑黄色野菜 ………………24
花穂ジソ …………………111	<わ>
ハモグリバエ ……………46	和ガラシ …………………61
春玉 ………………………75	

索引 ● 153

著者略歴

戸澤　英男（とざわ　ひでお）

1940年青森県生まれ（現平川市町居）。青森県立柏木農高から弘前大学農学部へ。卒業後、北海道立十勝農試。その後1982年から、農水省農業研究センター（茨城県つくば市）、同北海道農試（十勝）、同中国農試（広島県福山市）、同四国農試（香川県善通寺市）を経て、2001年生研機構（東京）、2005年に退任。農学博士（1983年）、日本育種学会賞（1986年）。

著書に『トウモロコシの栽培技術』(1981)、『スイートコーンのつくり方』(1985)、『そだててあそぼう⑤トウモロコシの絵本』(1997)、『トウモロコシ─歴史・文化、特性・栽培、加工・利用』(2005)、『野菜つくり入門』(2006、以上農文協）のほか、『傾斜地農業技術用語集』(1997、四国農業試験場、編著)、『作物育種の理論と方法』(1985、養賢堂、共著）など多数。

家庭菜園全科―栽培と利用のポイント―
1　葉もの・茎もの類①

2007年3月31日　第1刷発行

著者　戸　澤　英　男

発　行　所　社団法人　農山漁村文化協会
郵便番号　107-8668　東京都港区赤坂7丁目6-1
電話　03(3585)1141(営業)　　03(3585)1147(編集)
FAX　03(3589)1387　　　振替　00120-3-144478
URL　http://www.ruralnet.or.jp/

ISBN978-4-540-06334-3　　　制作／(株)新制作社
〈検印廃止〉　　　　　　　　印刷／(株)光陽メディア
©戸澤英男 2007　　　　　　製本／根本製本(株)
Printed in Japan　　　　　　定価はカバーに表示
乱丁・落丁本はお取り替えいたします。

―――――― 農文協の家庭園芸書 ――――――

かんたん！ プランター菜園 コツのコツ
上岡流 写真図解でわかる逸品づくり
上岡誉富著
¥1,600

プランターでも畑に負けない立派な野菜ができる！ 成功の秘訣は著者考案の緩効性肥料の条溝施肥。プランター菜園歴十余年の著者の技を、豊富な写真と図で徹底解説。基礎の基礎から全48種の野菜のつくり方まで。

かんたんかわいい
ミニ＆ベビー野菜ガーデニングノート
淡野一郎著
¥1,500

狭いベランダ、小さな鉢でも気軽に作れ、少人数家族でも使いきれるかわいい野菜たち。短期間で収穫できるから栽培も簡単。葉もの、根菜、トマトやメロンまで28種のコツと簡単レシピ、野菜づくりの基本がわかる解説付き。

5年目で達成
わたしの有機無農薬栽培
付・おすすめ野菜50種の楽しみ方
久保英範著
¥1,400

堆肥を大量に投入し有機無農薬栽培を目指した著者が、だんだん土がよくなりミミズやクモなどの生き物たちが増えてくるにつれ、野菜のできもよくなり病害虫も少なくなってきた5年間の過程を感動をもって描いた実践記。

家庭菜園レベルアップ教室 葉菜1
小寺孝治編著
¥1,950

生育特性や育つしくみを知って野菜との対話術をアップする家庭菜園レベルアップ教室。コマツナ、ホウレンソウ、シュンギクなど、野菜の中でもビタミン・ミネラルが豊富な軟弱野菜36種の特性と栽培ポイントを詳解。

図解 ベランダ・庭先でコンパクト堆肥
藤原俊六郎・加藤哲郎著
¥1,280

落葉、生ゴミ、枯れ草など都会には堆肥の材料がいっぱい。悪臭を出さずにベランダでもできる都会派コンパクト堆肥つくりをわかりやすく紹介。野菜、草花、ラン、庭木などへの施し方も詳しい家庭菜園愛好家の必携書。

（価格は税込。改定の場合もございます）